ŒUVRES COMPLÈTES

DE

SIR WALTER SCOTT.

Traduction Nouvelle.

PARIS,

CHARLES GOSSELIN et A. SAUTELET et C°.

LIBRAIRES-ÉDITEURS.

M DCCC XXVIII.

H. FOURNIER IMPRIMEUR.

OEUVRES COMPLÈTES

DE

SIR WALTER SCOTT.

TOME SOIXANTE-QUATORZIÈME.

IMPRIMERIE DE H. FOURNIER,
RUE DE SEINE, N° 14.

LES
CHRONIQUES
DE
LA CANONGATE.

DEUXIÈME SÉRIE.

SIC ITUR AD ASTRA.
(Devise des armoiries de la Canongate.)

LA JOLIE FILLE DE PERTH,

OU

LE JOUR DE SAINT-VALENTIN.

TOME PREMIER.

(St-Valentine's Day, or the fair Maid of Perth.)

LA JOLIE FILLE
DE PERTH,
ou
LE JOUR DE SAINT-VALENTIN.

(𝔗𝔥𝔢 𝔣𝔞𝔦𝔯 𝔐𝔞𝔦𝔡 𝔬𝔣 𝔓𝔢𝔯𝔱𝔥.)

CHAPITRE PRÉLIMINAIRE.

> « Je foule en ces lieux sous mes pas
> » Des rois assassinés la cendre ensevelie,
> « Et j'aperçois plus loin la scène d'un trépas
> » Qui fit couler les larmes de Marie. »
>   LE CAPIT. MARJORIBANKS.

CHAQUE quartier d'Édimbourg a quelque objet particulier dont il est fier; de sorte que cette ville réunit dans cette enceinte, si vous voulez en croire les habitans sur parole, autant de variété que de beauté, autant d'intérêt historique que de sites pittoresques. Nos prétentions en faveur du quartier de la Canongate ne sont ni les moins élevées ni les moins intéressantes. Le Château peut nous surpasser par l'étendue de la perspective et par l'avantage naturel de sa situation sublime. Le Calton-Hill (1) a toujours eu la supériorité par son panorama sans rival, et il y a ajouté récemment ses tours, ses ponts et ses arcs de triomphe. Nous convenons que High-Street (2) a eu l'honneur distingué d'être défendu par des fortifications dont nous ne pouvons montrer aucun vestige. Nous ne nous abaisserons pas jusqu'à mentionner les prétentions de certains quartiers, semblables à de nouveaux parvenus, et qu'on nomme l'Ancienne-Nouvelle-Ville, et la Nouvelle-Nouvelle-Ville, pour ne rien dire du quartier favori, Moray-Place, qui est la plus nouvelle Nouvelle-Ville. Nous ne voulons entrer en compétition qu'avec nos égaux, et seulement avec nos égaux en âge, car nous n'en reconnaissons aucun en dignité. Nous nous vantons d'être le quartier de la cour, de posséder le palais, ainsi que les restes et la sépulture de nos anciens monarques ; nous avons le pouvoir de faire naître, à un degré inconnu aux parties moins honorées de la ville, les souvenirs sombres et solennels de l'ancienne grandeur qui régna dans l'enceinte de notre vénérable abbaye (3), depuis le temps de saint David jusqu'à l'époque où les murs abandonnés de cet édifice éprou-

(1) Éminence d'Édimbourg où sont aujourd'hui la colonne de Nelson, l'Observatoire, etc., etc. Voyez la description d'Édimbourg dans les *Vues pittoresques d'Écosse.* — Éd.

(2) La grande rue de la Vieille-Ville, qui s'étend depuis le château jusqu'à Holy-Rood. — Éd.

(3) Holy-Rood. — Éd.

vèrent une nouvelle joie, et éveillèrent leurs échos long-temps silencieux, lors de la visite de notre gracieux souverain actuel (1).

Mon long séjour dans les environs, et la tranquillité respectable de mes habitudes, m'ont procuré une sorte d'intimité avec la bonne mistress ***, qui remplit les fonctions de femme de charge dans cette partie très-intéressante de l'ancien édifice, qu'on appelle les Appartemens de la Reine Marie. Mais une circonstance toute récente m'a donné encore de plus grands priviléges, de sorte que je pourrais, je crois, risquer le même exploit que Chastelart (2), qui fut exécuté pour avoir été trouvé à minuit caché dans la chambre à coucher de la souveraine d'Écosse.

Il arriva que la bonne dame dont je viens de parler s'acquittait de ses fonctions en montrant les appartemens à un *Cockney* de Londres (3). Ce n'était pas un de nos voyageurs ordinaires, tranquilles, taciturnes, ouvrant une grande bouche et de grands yeux, et écoutant avec une nonchalante complaisance les informations banales distribuées par un cicérone de province.

(1) L'auteur, en vrai Tory, fait ici allusion au voyage que George IV fit à Édimbourg en 1822, et qui ne fut pas sans importance par la manière dont il influa sur l'opinion politique de l'Écosse : ce voyage est décrit avec détail dans le troisième volume du *Voyage litt. en Angleterre et en Écosse*. — Éd

(2) Gentilhomme dauphinois, petit-neveu ou même petit-fils de Bayard, selon de Thou, attaché à la cour de Marie Stuart, et amoureux de sa souveraine ; il fut surpris deux fois la nuit dans sa chambre, et condamné à mort la seconde fois. « Chastelart, dit » Brantôme, avait beaucoup d'esprit, et se servait d'une poésie » douce et gentille aussi bien que gentilhomme de France. » — Éd.

(3) Badaud de Londres. — Éd.

Point du tout, c'était l'agent actif et alerte d'une grande maison de la cité de Londres, qui ne manquait pas une occasion de faire ce qu'il appelait des affaires, c'est-à-dire de vendre les marchandises de ses commettans, et d'ajouter un *item* à son compte pour droit de commission. Il avait parcouru avec une sorte d'impatience toute la suite des appartemens, sans trouver la moindre occasion de dire un seul mot de ce qu'il regardait comme le but principal de son existence. L'histoire même de l'assassinat de Rizzio ne fit naître aucune idée dans l'esprit de cet émissaire commercial, et son attention ne s'éveilla que lorsque la femme de charge, à l'appui de sa relation, en appela aux taches de sang imprimées sur le plancher (1).

— Vous voyez ces taches, lui dit-elle, rien ne les fera disparaître. Elles existent depuis deux cent cinquante ans, et elles existeront tant que le plancher durera : ni l'eau, ni rien au monde ne peut les enlever.

Or, notre Cockney, entre autres marchandises, avait à vendre ce qu'on appelait un élixir détersif, et une tache de deux cent cinquante ans était pour lui un objet très-intéressant, non parce qu'elle avait été causée par le sang du favori d'une reine, massacré dans son propre appartement, mais parce qu'elle lui offrait une excellente occasion d'éprouver l'efficacité de son incomparable élixir. Notre ami tomba sur ses genoux à l'instant même, mais ce n'était ni par horreur, ni par dévotion.

— Deux cent cinquante ans, madame! s'écria-t-il; et rien ne peut l'enlever! Quand elle en aurait cinq cents,

---

(1) Il n'est aucun voyageur à qui on ne fasse remarquer ce sang que rien ne peut effacer. — Éd.

j'ai dans ma poche quelque chose qui l'enlèvera en cinq minutes. Voyez-vous cette fiole d'élixir, madame? je vais vous faire disparaître cette tache en un instant.

En conséquence, mouillant de son spécifique irrésistible un des coins de son mouchoir, il commença à frotter le plancher sans écouter les remontrances de mistress ***. — La bonne ame resta d'abord interdite d'étonnement, comme l'abbesse de Sainte-Brigitte quand un profane vida d'un seul trait une fiole d'eau-de-vie qui avait été long-temps montrée, parmi les reliques du couvent, comme contenant les larmes de cette sainte. La vénérable abbesse de Sainte-Brigitte s'attendait probablement à l'intervention de sa patrone; et peut-être la femme de charge de Holy-Rood espérait-elle que le spectre de David Rizzio apparaîtrait pour prévenir cette profanation. Mais mistress*** ne resta pas long-temps dans le silence de l'horreur. Elle éleva la voix, et poussa des cris aussi perçans que la reine Marie elle-même à l'instant où le meurtre se commettait.

Il arriva que je faisais en ce moment ma promenade du matin dans la galerie voisine, cherchant à deviner pourquoi les rois d'Écosse suspendus autour de moi étaient tous représentés avec un nez courbé comme le marteau d'une porte. Tout à coup les murs retentirent de cris lamentables, au lieu des accens de la joie et des sons de la musique qu'on avait autrefois entendus si souvent dans les palais des souverains écossais. Surpris de ce bruit alarmant dans un lieu si solitaire, je courus à l'endroit d'où il partait, et je trouvai le voyageur bien intentionné frottant les planches comme une chambrière, tandis que mistress *** le tirait par les pans de son habit, s'efforçant en vain d'interrompre son occupation sacrilège. Il m'en coûta quelque peine pour expliquer à ce zélé purificateur de bas de soie, de gilets brodés, de draps superfins, et de planches de sapin, qu'il existait en ce monde certaines taches qui devaient rester ineffaçables à cause des souvenirs qui s'y rattachaient : notre bon ami ne pouvait rien y voir qu'un moyen de prouver la vertu de sa marchandise si vantée. Il finit pourtant par comprendre qu'il ne lui serait pas permis d'en démontrer l'infaillibilité en cette occasion. Il se retira donc en grommelant, et en disant à demi-voix qu'il avait toujours entendu dire que les Écossais étaient une nation malpropre, mais qu'il n'aurait pas cru qu'ils le fussent au point de vouloir avoir les planchers de leurs palais couverts de sang, comme le spectre de Banquo (1), tandis que, pour les enlever, il ne leur faudrait que quelques gouttes de l'infaillible élixir détersif, préparé et vendu par MM. Scrub et Rub, en fioles de cinq et de dix shillings, chaque fiole étant marquée des lettres initiales de l'inventeur, pour que tout contrefacteur pût être poursuivi suivant la loi.

Délivrée de l'odieuse présence de cet ami de la propreté, ma bonne amie mistress *** me prodigua des remerciemens sincères ; et cependant sa reconnaissance, au lieu de s'être épuisée par ces protestations, suivant l'usage du monde, est encore aussi vive en ce moment que si elle ne m'en eût adressé aucune. C'est grace au souvenir qu'elle a conservé de ce bon office que j'ai la permission d'errer à mon gré dans ces salles désertes,

---

(1) Dans *Macbeth*. — Éd.

comme l'ombre de quelque défunt chambellan, tantôt songeant à des choses

> Depuis assez long-temps passées,

comme le dit une vieille chanson irlandaise, tantôt désirant avoir la même bonne fortune que tant d'éditeurs de romans, et découvrir quelque cachette mystérieuse, quelque armoire antique et massive, qui pût offrir à mes recherches un manuscrit presque illisible, contenant les détails authentiques de quelques-uns des événemens singuliers du temps étrange de l'infortunée Marie.

Ma chère mistress Baliol unissait ses regrets aux miens, quand je me plaignais qu'on ne vit plus tomber du ciel des faveurs de cette espèce, et qu'un auteur dont les dents claquent de froid sur le bord de la mer, pût se les briser les unes contre les autres, avant qu'une vague jetât à ses pieds une caisse contenant une histoire comme celle d'Automathes (1); qu'il pût se rompre les os des jambes en furetant dans une centaine de caves, sans y rencontrer autre chose que des rats et des souris, et habiter successivement une douzaine de misérables taudis, sans voir d'autre manuscrit que le mémoire qu'on lui présente à la fin de chaque semaine

(1) L'*Histoire d'Authomates* est un roman philosophique dans le genre de *Robinson Crusoé*. L'auteur, oublié dans les biographies, fut cependant le maître du célèbre Gibbon : il s'appelait John Kirkby, et il composa, outre Authomates, une grammaire latine. Dans le début de l'Histoire d'Authomates, John Kirkby raconte que le manuscrit lui fut apporté par une vague sur le bord de la mer, où il se promenait en rêvant. — Éɴ.

pour sa nourriture et son logement. Une laitière, dans ce temps de dégénération, pourrait tout aussi bien laver et décorer sa laiterie dans l'espoir de trouver dans son soulier la pièce de six sous de la fée (1).

— C'est une chose fort triste, et qui n'est que trop vraie, cousin, dit mistress Baliol; nous avons certainement tout lieu de regretter ce manque absolu de secours pour une imagination épuisée. Mais vous avez plus que personne le droit de vous plaindre que les fées n'aient pas favorisé vos recherches, vous qui avez prouvé à l'univers que le siècle de la chevalerie n'est pas encore terminé; vous, chevalier de Croftangry, qui avez bravé la fureur d'un audacieux apprenti de Londres, pour prendre la défense d'une belle dame, et pour conserver le souvenir du meurtre de Rizzio. — N'est-ce pas bien dommage, cousin, puisque cet acte chevaleresque était si bien d'accord avec toutes les règles, — n'est-ce pas bien dommage, dis-je, que la dame n'ait pas été un peu plus jeune, et la légende un peu plus vieille?

— Quant à l'âge auquel une belle dame perd son recours à la chevalerie, et n'a plus le droit de demander à un chevalier de lui octroyer un don, c'est ce que je laisse à décider aux statuts de l'ordre de la chevalerie errante; mais pour le sang de Rizzio, je relève le gant, et je soutiens contre tous et un chacun que les taches ne sont pas de date moderne, et qu'elles sont véritablement la suite et l'indice de ce meurtre abominable.

(1) Pièce qui se reproduit à mesure qu'on la dépense. — Tr.

— Comme je ne puis accepter le défi, beau cousin, je me contenterai de vous demander vos preuves.

— La tradition constante du palais, et l'analogie de l'état actuel des choses avec cette tradition.

— Expliquez-vous, s'il vous plaît.

— Je vais le faire. La tradition universelle dit que lorsque Rizzio eut été traîné hors de la chambre de la reine, les meurtriers qui dans leur fureur se disputaient à qui lui ferait plus de blessures, l'assassinèrent à la porte de l'antichambre. Ce fut donc en cet endroit que la plus grande quantité de sang fut répandue, et c'est là qu'on en montre encore les traces. En outre, les historiens rapportent que Marie continua à supplier qu'on épargnât la vie de Rizzio, mêlant ses prières de cris et d'exclamations, jusqu'au moment où elle fut positivement assurée qu'il n'existait plus, et qu'alors, s'essuyant les yeux, elle dit : — « Maintenant je songerai à le venger. »

— Je vous accorde tout cela..... Mais le sang? Croyez-vous qu'un si grand nombre d'années ne suffirait pas pour en effacer les marques, pour les faire disparaître?

— J'y arrive dans un moment. La tradition constante du palais dit que Marie défendit qu'on prît aucune mesure pour enlever les traces du meurtre, voulant les conserver pour mûrir ses projets de vengeance. Mais on ajoute que trouvant qu'il lui suffisait de savoir qu'elles existaient, et ne se souciant pas d'avoir toujours sous les yeux les marques horribles de cet assassinat, elle ordonna qu'une *traverse*, comme on l'appelait, c'est-à-dire une cloison en planches, fût élevée dans l'antichambre, à quelques pieds de la porte, de manière à séparer du reste de l'appartement la partie dans laquelle se trouvaient les traces de sang, partie qui devint beaucoup plus obscure. Or cette cloison existe encore, et comme elle rompt l'uniformité des corniches, c'est une preuve évidente que quelque motif de circonstance l'a fait construire, puisqu'elle nuit aux proportions de l'appartement, comme à celles des ornemens du plafond, et que par conséquent on n'a pu avoir d'autre but, en la plaçant en cet endroit, que de dissimuler un objet désagréable à la vue. Quant à l'objection que les taches de sang auraient disparu avec le temps, je crois qu'en supposant qu'on n'ait pas pris des mesures pour les enlever immédiatement après que le crime eut été commis, en d'autres termes, qu'on ait laissé au sang le temps de pénétrer dans le bois, elles doivent être devenues ineffaçables. Or, indépendamment de ce que nos palais d'Écosse n'étaient pas très-scrupuleusement nettoyés à cette époque, et qu'il n'existait pas d'élixir détersif pour aider le travail de l'éponge et du torchon, je crois très-probable que ces marques sinistres auraient pu subsister très-long-temps, quand même Marie n'aurait pas désiré ou ordonné qu'on les conservât, mais qu'on les dérobât à la vue par le moyen d'une cloison. Je connais plusieurs exemples de pareilles taches de sang qui ont duré pendant bien des années, et je doute qu'après un certain temps, on puisse les faire disparaître autrement qu'en recourant au rabot du menuisier. Si quelque sénéchal, pour ajouter à l'intérêt qu'inspirent ces appartemens, avait voulu employer une couleur ou quelque autre moyen imitatif, pour tromper la postérité par ces stigmates artificiels, il me semble qu'il aurait établi la scène de son imposture dans le cabinet ou dans la chambre à coucher de la reine, et placé ces traces de sang dans un endroit où elles auraient été distinctement visibles à tous les yeux, au lieu de les cacher ainsi derrière une cloison. D'ailleurs l'existence de cette cloison est infiniment difficile à expliquer, si l'on rejette la tradition commune. En un mot les localités s'accordent si bien avec le fait historique, qu'elles me semblent pouvoir venir à l'appui de la circonstance additionnelle des taches de sang qu'on voit sur le plancher.

— Je vous proteste, cousin, que je suis très-disposée à me laisser convertir à votre croyance. Nous parlons d'un vulgaire crédule, sans nous souvenir toujours qu'il existe aussi une incrédulité vulgaire, qui, en fait d'histoire comme de religion, trouve plus facile de douter que d'examiner, et qui fait qu'on cherche à se faire un honneur d'être un esprit fort, toutes les fois qu'un fait est un peu au-dessus de l'intelligence bornée du sceptique. Ainsi, ce point étant réglé entre nous, et puisque vous possédez, comme je le comprends, le *sésame* (1) qui peut vous ouvrir ces appartemens secrets, quel usage comptez-vous faire de votre privilège, s'il m'est permis de vous le demander?... Avez-vous dessein de passer la nuit dans la chambre à coucher de la reine?

— Et à quoi bon, ma chère dame? Si c'est pour ajouter encore à mon rhumatisme, ce vent d'est peut suffire pour cela.

— A votre rhumatisme! — A Dieu ne plaise! Ce se-

---

(1) Le mot du talisman. Allusion à l'histoire d'*Ali Baba et les Quarante voleurs*, dans les *Mille et une Nuits*, où la porte du souterrain s'ouvre dès qu'on prononce le mot *sésame*. — Éd.

rait pis que d'ajouter des couleurs à la violette (1). Non, je ne vous recommandais de passer une nuit sur la couche de la Rose d'Écosse, que pour vous échauffer l'imagination. Qui sait quels rêves peut produire une nuit passée dans un palais où vivent tant de souvenirs! Qui sait si la porte de fer de l'escalier de la poterne ne s'ouvrirait pas à l'heure mystérieuse de minuit, comme du temps de la conspiration; et si vous ne verriez pas arriver les fantômes des assassins, d'un pas furtif, avec un air sombre pour vous donner une répétition de cette scène tragique... Voyez s'avancer le féroce et fanatique Ruthven, qui trouva dans sa haine et l'esprit de parti la force de porter une armure dont le poids eût accablé des membres exténués comme les siens par une maladie lente. Voyez ses traits, défigurés par les souffrances, se montrer sous son casque, comme ceux d'un cadavre animé par un démon, ses yeux étincelans de vengeance, tandis que son visage a le calme de la mort... Vient ensuite la grande taille du jeune Darnley, aussi beau dans sa personne que chancelant dans sa résolution. Il avance comme si son pied hésitait de fouler le sol ; mais il hésite encore davantage dans son projet, une crainte puérile ayant déjà pris l'ascendant sur sa puérile passion. Il est dans la situation d'un enfant espiègle qui a mis le feu à une mine, et qui, attendant l'explosion avec remords et terreur, donnerait sa vie pour éteindre la mèche que sa propre main a enflammée... Après lui...

(1) Expression de Shakspeare.

To gold refined gold, to paint the lily
To throw a perfume on the violet, etc.

Éd.

mais j'oublie les noms du reste de ces nobles coupe-jarrets... Ne pouvez-vous m'aider?

— Évoquez le Postulant, George Douglas, le plus actif de toute la bande. — Qu'il apparaisse à votre voix, celui qui prétendait à une fortune qu'il ne possédait pas, dans les veines duquel coulait l'illustre sang des Douglas, mais souillé d'illégitimité — Peignez cet homme cruel, entreprenant, ambitieux, si près de la grandeur, et ne pouvant y atteindre; si voisin de la richesse, et ne pouvant se la procurer; ce Tantale politique, prêt à tout faire et à tout oser pour contenter sa cupidité et faire valoir ses droits douteux.

— Admirable, mon cher Croftangry! mais qu'est-ce qu'un Postulant (1)?

— Ah! ma chère dame! vous troublez le cours de mes idées! — On nommait Postulant en Écosse, le candidat à un bénéfice qu'il n'avait pas encore obtenu. — George Douglas, qui poignarda Rizzio, était Postulant des domaines temporels de la riche abbaye d'Arbroath.

— Me voilà instruite. — Allons, continuez: qui vient ensuite?

— Qui vient ensuite? Cet homme grand et maigre, ayant un air sauvage, tenant en main un pétrinal (2), doit être André Ker de Faldonside, fils, je crois, du frère du célèbre sir David Ker de Cessford. Son regard et son maintien annoncent un maraudeur des frontières. Il avait l'humeur si farouche, que, pendant le tumulte dans le cabinet, il dirigea son arme chargée contre le sein de la jeune et belle reine... d'une reine qui devait devenir mère quelques semaines après.

(1) *Postulate.* — Éd.
(2) Ancien fusil, plus court que le mousquet. — Tr.

— Bravo! beau cousin! — Eh bien, puisque vous avez évoqué un tel essaim de fantômes, j'espère que vous n'avez pas le projet de les renvoyer dans leur couche froide pour se réchauffer? Vous les mettrez en action, et puisque votre plume infatigable menace encore la Canongate, vous avez sans doute dessein d'arranger en roman, ou en drame, si vous le préférez, cette tragédie la plus singulière de toutes?

— On a choisi des temps plus arides, c'est-à-dire moins intéressans, pour amuser les siècles paisibles qui ont succédé à des jours orageux. Mais, ma chère dame, les événemens qui se sont passés sous le règne de Marie sont trop connus pour qu'il soit possible de les couvrir du voile de la fiction. Que pourrait ajouter un meilleur écrivain que je ne le suis à l'élégante et énergique narration de Robertson (1)? Adieu donc ma vision! Je me réveille, comme John Bunyan (2), et je vois que ce n'était qu'un songe. — Eh bien, je ne suis pas fâché de m'éveiller sans la sciatique qui aurait probablement suivi mon sommeil, si j'avais profané le lit de la reine Marie, en m'en servant comme d'une ressource mécanique pour rendre son élasticité à une imagination engourdie.

— Vous ne m'échapperez pas ainsi, cousin. Il faut passer par-dessus tous ces scrupules, si vous voulez réussir dans le rôle d'historien-romancier que vous vous êtes décidé à jouer. Quel rapport y a-t-il entre

---

(1) « Le roman de *l'Abbé* est plus vrai que l'histoire, » disait dernièrement dans sa chaire l'éloquent professeur M. Villemain.
ÉD.

(2) Auteur du roman allégorique du *Voyage du Pèlerin*.
ÉD.

vous et le classique Robertson? La lumière qu'il portait était comme une lampe destinée à éclairer les événemens obscurs de l'antiquité; la vôtre est une lanterne magique qui fait voir des merveilles qui n'ont jamais existé. Un lecteur de bon sens ne sera pas plus surpris de trouver dans vos écrits des inexactitudes historiques, qu'on ne l'est de voir Polichinelle, sur son théâtre mobile, assis sur un même trône avec Salomon dans toute sa gloire, ou de l'entendre crier au patriarche pendant le déluge : — Voilà un brouillard bien épais, maître Noé!

— Comprenez-moi bien, ma chère dame : je connais parfaitement tous mes privilèges, comme romancier. Mais le menteur, M. Fagg (1), nous assure lui-même que, quoiqu'il ne se fasse jamais scrupule de mentir par ordre de son maître, cependant il se sent la conscience blessée quand le mensonge est découvert. Or, c'est pour cette raison que j'évite prudemment de marcher dans les sentiers trop battus de l'histoire, où chacun trouve des poteaux chargés d'inscriptions qui lui apprennent par où il doit tourner; de sorte que les enfans des deux sexes qui apprennent l'histoire d'Angleterre par demandes et par réponses rient aux dépens d'un pauvre auteur, s'il vient à se fourvoyer du droit chemin.

— Ne vous découragez pourtant pas, cousin Chrystal. L'histoire d'Écosse offre une foule de contrées inconnues dont les chemins, si je ne me trompe, n'ont jamais été décrits avec certitude, et qu'on ne connaît que par des traditions imparfaites et de merveilleuses

(1) Personnage de comédie. — Éd.

légendes. Et, comme le dit Mathieu Prior (1), dans les déserts où nul sentier n'est tracé, les géographes placent des éléphans au lieu de villes.

— Si tel est votre avis, ma chère dame, lui dis-je, le cours de mon histoire prendra sa source, en cette occasion, à une époque reculée, et dans une province éloignée de ma sphère naturelle de la Canongate.

Ce fut sous l'influence de ces sentimens que j'entrepris le roman historique qui va suivre, et qui, souvent interrompu et mis à l'écart, a maintenant acquis une dimension trop imposante pour être tout-à-fait mis au rebut, quoiqu'il soit peut-être imprudent de le confier à la presse.

Je n'ai point placé dans la bouche de mes interlocuteurs le dialecte écossais qu'on parle aujourd'hui, parce qu'il est incontestable que la langue écossaise du temps dont il s'agit ressemblait beaucoup à l'anglo-saxon, enrichi d'une légère teinte de français ou de normand. Ceux qui désirent approfondir ce sujet peuvent consulter les *Chroniques de Wynton* (2), et l'*Histoire de Bruce* par l'archidiacre Barbour (3). Mais en supposant que ma connaissance de l'ancien écossais pût suffire pour en faire passer les particularités dans le dialogue, il aurait fallu y joindre une traduction, pour mettre ce style à la portée de la généralité des lecteurs. On peut donc re-

---

(1) Poète et diplomate contemporain de Pope. — Éd.

(2) André Wynton, chanoine, chroniqueur écossais, mort en 1420. — Éd.

(3) John Barbour était le chapelain de Bruce, et il écrivit son histoire en vers. Voy. *le Lord des Iles* et les notes de ce poëme historique. — Éd.

garder le dialecte écossais comme mis de côté dans cet ouvrage, si ce n'est dans les occasions où l'emploi de certains mots peut ajouter de la force ou de la vivacité à la phrase.

CHAPITRE PREMIER.

« C'est le Tibre ! disait un Romain orgueilleux,
» Voyant couler les eaux du Tay majestueux ;
» Mais quel est l'Écossais, imitant sa jactance,
» Qui voudrait, s'il n'était attaqué de démence,
» Au Tibre, fleuve nain, donner le nom de Tay (1) ? »

Anonyme.

Si l'on demandait à un étranger intelligent d'indiquer la plus variée et la plus belle de toutes les provinces d'Écosse, il est probable qu'il nommerait le comté de Perth. Qu'on fasse la même question à un Écossais né dans toute autre partie de ce royaume, il est probable que sa partialité lui fera d'abord donner la préférence

---

(1) Ces vers font allusion à une exclamation attribuée aux soldats romains à la vue du Tay. Voy. les *Vues pittoresques d'Écosse.*
Éd.

au comté qui l'a vu naître, mais il accordera certainement la seconde place à celui de Perth; ce qui donne aux habitans de celui-ci un juste droit de prétendre que, tout préjugé à part, le comté de Perth forme la plus belle portion de la Calédonie (1). Il y a long-temps que lady Marie Wortley Montague, avec cet excellent goût qui caractérise tous ses écrits, exprima l'opinion que la partie la plus intéressante de chaque pays, celle qui offre dans la plus grande perfection une variété de beautés naturelles, est celle où les hauteurs s'abaissent au niveau des plaines, ou d'un terrain plus uni. C'est là qu'on trouve les montagnes les plus pittoresques, sinon les plus élevées. Les rivières s'échappent en cascades du flanc des rochers, et traversent les défilés les plus romantiques. En outre, la végétation d'un climat et d'un sol plus heureux se mêle aux teintes magnifiques qui caractérisent le tableau de ces régions; des bois, des bosquets, des buissons revêtent avec profusion la base des montagnes, serpentent le long de leurs ravins, et en couronnent le sommet. C'est dans ces régions favorisées que le voyageur trouve ce que Gray, ou quelque autre poète, a appelé la beauté assise sur les genoux de la terreur.

D'après sa situation avantageuse, cette province présente la variété la plus séduisante. Ses lacs, ses bois, ses

(1) Voyez les *Vues pittoresques d'Écosse*. Le comté de Perth se divise d'une manière générale en pays haut et en pays bas (*highland* et *lowland*.) C'est un des plus larges et le plus pittoresques des comtés d'Écosse : borné à l'est par le Forfarshire, au sud par le frith du Tay et les comtés de Kinross et de Fife, au sud-ouest par le Stirlingshire, et au nord par Inverness et Aberdeen.
 ÉD.

montagnes, peuvent rivaliser de beauté avec tout ce que renferme le pays des Highlands ; et quelquefois, à peu de distance de ses sites les plus sublimes, le comté de Perth offre aussi des cantons fertiles et peuplés qui peuvent lutter de richesse avec l'Angleterre même. Ce pays a été aussi la scène d'un grand nombre d'exploits et d'événemens remarquables, les uns d'une importance historique, les autres intéressans pour le poète et le romancier, quoiqu'ils ne nous aient été transmis que par la tradition populaire. Ce fut dans ces vallées que les Saxons des plaines et les Gaëls des montagnes eurent mille rencontres sanglantes et désespérées, dans lesquelles il était souvent impossible de décider si la palme de la victoire devait appartenir aux cottes de mailles de la chevalerie des Lowlands, ou aux plaids des clans des Highlands.

Perth (1), si remarquable par la beauté de sa situation, est une ville fort ancienne à qui une vieille tradition attache une importance additionnelle, en la disant fondée par les Romains. Cette nation victorieuse prétendait, dit-on, reconnaître le Tibre dans le Tay, fleuve navigable et bien plus beau que celui de Rome, et ajoutait que la grande plaine connue sous le nom de North-Inch avait beaucoup de ressemblance avec son Campus Martius. Cette cité fut souvent la résidence de nos monarques. Ils n'avaient pourtant pas de palais à Perth, mais le couvent des religieux de l'ordre de Cîteaux suffisait amplement pour les recevoir eux et leur cour. Ce fut là que Jacques Ier, un des plus sages

---

(1) La capitale du Perthshire, située à trente-huit milles environ d'Édimbourg, sur la rive sud-ouest du Tay. — ÉD.

et des meilleurs rois d'Écosse, succomba victime de la haine d'une aristocratie vindicative (1). Ce fut là aussi qu'eut lieu la mystérieuse conspiration de Gowrie (2), dont la scène n'a disparu que depuis peu, par la destruction de l'ancien palais dans lequel cet événement se passa. La société des Antiquaires de Perth, par suite d'un zèle louable pour tout ce qui a rapport à ses travaux, a publié un plan exact de cet édifice, et y a joint quelques remarques sur les rapports qu'il a avec la relation de ce complot, remarques qui se font distinguer par autant de sagacité que de candeur.

Un des plus beaux points de vue que la Grande-Bretagne ou peut-être le monde entier puisse présenter, est, ou nous devrions plutôt dire était, la perspective dont on jouissait d'un endroit nommé *les Wicks de Béglie*; c'était une espèce de niche où le voyageur arrivait après avoir traversé, depuis Kinross, une longue étendue de pays inculte et dépourvu de tout intérêt. De ce lieu, formant une passe sur le sommet d'une éminence qu'il avait gravie graduellement, il voyait s'étendre sous ses pieds la vallée du Tay, arrosée par ce grand et beau fleuve, la ville de Perth avec ses deux grandes prairies ou *inches* (3), ses clochers et ses tours; les montagnes de Moncrieff et de Kinnoul s'élevant peu à peu en rochers pittoresques, revêtus en partie de bois; les riches bords du fleuve décorés d'élégantes maisons, et, dans le lointain, les monts Grampiens, rideau qui termine

---

(1) Il fut tué par le duc d'Athol. — Éd.

(2) Sous Jacques VI. — Éd.

(3) Ce sont deux plaines dans la ville même et à l'extrémité des deux grandes rues. — Éd.

du côté du nord ce paysage ravissant. Le changement fait à la route, et qui, il faut l'avouer, favorise grandement les communications, prive le voyageur de ce magnifique point de vue, et le paysage ne se développe aux yeux que partiellement et graduellement, quoique les approches puissent encore être justement admirées. Nous croyons qu'il reste encore un sentier par lequel les piétons peuvent arriver aux Wicks de Béglie, et le voyageur, en quittant son cheval ou son équipage, et en faisant à pied quelques centaines de toises, peut encore comparer le paysage avec l'esquisse que nous avons essayé d'en tracer. Mais il n'est ni en notre pouvoir de communiquer à nos lecteurs, ni au leur de se figurer d'après notre description, le charme que la surprise ajoute au plaisir quand une vue si magnifique s'offre à l'instant où l'on s'y attend le moins et où l'on peut le moins l'espérer. C'est ce qu'éprouva Chrystal Croftangry, la première fois qu'il vit ce spectacle sans égal.

Il est vrai qu'une admiration presque enfantine était un des élémens du plaisir dont je jouis alors, car je n'avais pas plus de quinze ans; et comme c'était la première excursion qu'il m'était permis de faire sur un bidet qui m'appartenait, j'éprouvais aussi une satisfaction résultant du sentiment de mon indépendance, et mêlée de cette sorte d'inquiétude dont ne peut se défendre le jeune homme le plus prévenu en sa faveur, quand il est, pour la première fois, abandonné à ses propres conseils. Je me souviens que je tirai tout à coup les rênes de mon cheval pour le faire arrêter, et que je regardai la scène qui se présentait à mes yeux comme si j'avais craint qu'elle changeât ainsi que les décorations d'un théâtre, sans me laisser le temps d'en examiner distinctement les différentes parties, et de me convaincre que ce que je voyais était réel. Depuis ce moment, et il y a maintenant plus de cinquante ans qu'il est passé, le souvenir de ce paysage sans rival a exercé la plus vive influence sur mon esprit; c'est pour moi une époque à laquelle je reviens souvent quand la plupart des événemens qui ont influé sur ma fortune se sont effacés de ma mémoire. Il est donc naturel que, lorsque je délibérais sur le choix du sujet que j'offrirais au public pour son amusement, j'en aie pris un ayant quelque rapport au beau spectacle qui avait fait tant d'impression sur ma jeune imagination, et qui peut-être produira, relativement aux imperfections de mon ouvrage, le même effet que les dames attribuent à de belles tasses de porcelaine relevant, suivant elles, la saveur d'un thé médiocre.

L'époque à laquelle se rattache mon ouvrage remontera pourtant beaucoup plus haut qu'aucun des événemens historiques et remarquables auxquels j'aie déjà fait allusion; car les faits dans le détail desquels je vais entrer se sont passés pendant les dernières années du quatorzième siècle, lorsque le sceptre de l'Écosse était entre les mains du bon mais faible roi John, qui régna sous le nom de Robert III.

CHAPITRE II.

Perth pouvant se vanter, comme nous l'avons déjà dit, d'être si bien partagé du côté des beautés de la nature inanimée, a toujours eu aussi sa part de ces charmes qui sont en même temps plus intéressans, mais moins durables. Être appelée « la Jolie Fille de Perth » aurait été dans tous les temps une grande distinction, et aurait supposé une beauté supérieure, quand il y avait tant de rivales dignes de réclamer un titre si envié. Mais dans les temps féodaux sur lesquels nous appelons maintenant l'attention du lecteur, la beauté d'une femme était une qualité de bien plus haute importance qu'elle ne l'a été depuis que les idées de la chevalerie ont disparu en grande partie. L'amour des anciens chevaliers était une espèce d'idolâtrie tolérée, dont on supposait en théorie que l'amour du ciel pouvait seul approcher, quoique, en pratique, l'ardeur de ce second amour égalât rarement celle du premier. On en appelait familièrement au même instant à Dieu et aux dames, et le dévouement au beau sexe était aussi vivement recommandé à l'aspirant aux honneurs de la chevalerie, que la dévotion envers le ciel. A cette époque de la société, le pouvoir de la beauté était presque sans bornes : il pouvait mettre le rang le plus élevé au niveau de celui qui lui était inférieur, même à une distance incommensurable.

Sous le règne qui avait précédé celui de Robert III, la beauté seule avait fait appeler une femme d'un rang inférieur, et de mœurs presque suspectes, à partager le trône d'Écosse, et bien des femmes, moins adroites ou moins heureuses, s'étaient élevées à la grandeur, d'un état de concubinage dont les mœurs du temps étaient l'excuse. De tels exemples auraient pu éblouir une fille de plus haute naissance que Catherine, ou Katie Glover, universellement reconnue pour être la jeune personne la plus belle de la ville et des environs. La renommée de la Jolie Fille de Perth avait attiré sur elle l'attention des jeunes galans de la cour du roi. Cette cour se tenait à Perth ou dans les environs ; au point que maints nobles seigneurs, et des plus distingués par leurs exploits chevaleresques, mettaient plus de soin à donner des preuves de leurs talens dans l'art de l'équitation, quand ils passaient devant la porte du vieux Simon Glover, dans la rue qu'on appelait Curfew-Street, qu'à se distinguer dans les tournois, où les plus illustres dames d'Écosse étaient pourtant les spectatrices de leur adresse.

Mais la fille de Glover, ou du Gantier (car, suivant l'usage assez commun dans ce temps, Simon tirait son surnom du métier qu'il exerçait), ne montrait aucune envie d'écouter les galanteries qui partaient d'un rang trop au-dessus de celui qu'elle occupait elle-même, et quoique probablement elle ne fût pas aveugle sur ses charmes personnels, elle semblait désirer de borner ses conquêtes à ceux qui se trouvaient dans sa propre sphère. D'un genre de beauté encore plus intellectuel que physique, elle était, malgré la douceur et la bonté naturelle de son caractère, accompagnée de plus de réserve que de gaieté, même dans la compagnie de ses égaux, et le zèle avec lequel elle s'acquittait de tous les devoirs de la religion portait bien des gens à penser que Catherine Glover nourrissait en secret le désir de se retirer du monde et de s'ensevelir dans la retraite d'un cloître. Mais en supposant qu'elle eût le projet d'un tel sacrifice, il n'était pas à présumer que son père, qui passait pour riche et qui n'avait pas d'autre enfant, y consentît jamais volontairement.

La beauté régnante de Perth fut confirmée par les sentimens de son père dans la résolution qu'elle avait prise de fermer l'oreille aux fleurettes des courtisans. — Laisse-les passer, lui disait-il, laisse-les passer, Catherine, ces galans avec leurs chevaux fringans, leurs brillans éperons, leurs toques à plumes et leurs moustaches bien frisées; ils ne sont pas de notre classe, et nous ne chercherons pas à nous élever jusqu'à eux. C'est demain la Saint-Valentin, le jour où chaque oiseau choisit sa compagne; mais tu ne verras ni la linotte s'accoupler à l'épervier, ni le rouge-gorge au milan. Mon père était un honnête bourgeois de Perth, et il savait manier l'aiguille aussi bien que moi. Si pourtant la guerre approchait des portes de notre belle ville, il laissait là l'aiguille, le fil, et la peau de chamois; il tirait du coin obscur où il les avait déposés un bon morion et un bouclier, et il prenait sa longue lance sur la cheminée. Qu'on me dise quel jour lui ou moi nous nous sommes trouvés absens quand le prévôt passait la revue! C'est ainsi que nous avons vécu, ma fille; travaillant pour gagner notre pain, et combattant pour le défendre, je ne veux pas avoir un gendre qui s'imagine valoir mieux que moi; et quant à ces lords et à ces chevaliers, je me flatte que tu te souviendras toujours que tu es d'une condition trop inférieure pour être leur femme, et trop haute pour être leur maîtresse. Et maintenant laisse là ton ouvrage, mon enfant; car c'est aujourd'hui la veille d'une fête, et il convient que nous allions à l'office du soir. Nous prierons le ciel de t'envoyer demain un bon Valentin (1).

La Jolie Fille de Perth laissa donc le superbe gant de chasse qu'elle brodait pour lady Drummond, et mettant sa robe des jours de fête, elle se prépara à suivre son père au couvent des Dominicains, qui était à peu de distance de Curfew-Street, où ils demeuraient. Chemin faisant, Simon Glover, ancien bourgeois de Perth, généralement estimé, un peu avancé en âge, mais ayant aussi avancé sa fortune, recevait des jeunes et des vieux les hommages dus à son pourpoint de velours et à sa chaîne d'or, tandis que la beauté de Cathe-

---

(1) Le 14 février, jour de Saint-Valentin, chaque oiseau, disent les Anglais, choisit sa compagne de nichée pour le reste de l'an. D'après un usage immémorial qui remonte aux superstitions païennes, le premier homme qu'une jeune fille voit ce jour-là doit être son ami au moins pour douze mois, et s'appelle son Valentin. Depuis la réforme, saint Valentin a conservé encore le privilège de représenter le Cupidon païen. Les jeunes filles reçoivent ce jour-là des vers (madrigaux et acrostiches), au grand profit de la petite poste. — Éd.

rine, quoique cachée sous sa mante, qui ressemblait à celle qu'on porte encore en Flandre, obtenait les révérences et les coups de bonnet de ses concitoyens de tout âge.

Tandis qu'ils marchaient, le père donnant le bras à sa fille, ils étaient suivis par un grand et beau jeune homme portant le costume le plus simple de la classe mitoyenne, mais qui dessinait avec avantage des membres bien proportionnés, et laissait voir des traits nobles et réguliers que faisait encore valoir une tête bien garnie de cheveux bouclés, et une petite toque écarlate qui convenait à ravir à cette coiffure. Il n'avait d'autre arme qu'un bâton qu'il tenait à la main, car il était apprenti du vieux Glover, et l'on ne jugeait pas convenable que les personnes de sa classe se montrassent dans les rues portant l'épée ou le poignard, privilège que les *jackmen*, c'est-à-dire les militaires au service particulier des nobles, regardaient comme leur appartenant exclusivement. Il suivait son maître à l'église, d'abord comme étant en quelque sorte son domestique, et ensuite pour prendre sa défense, si quelque circonstance l'exigeait; mais il n'était pas difficile de voir, aux attentions marquées qu'il avait pour Catherine Glover, que c'était surtout à elle qu'il désirait consacrer tous ses soins. En général son zèle ne trouvait pas d'occasion pour s'exercer, car un sentiment unanime de respect engageait tous les passans à se ranger pour faire place au père et à la fille.

Cependant quand on commença à voir briller parmi la foule les casques d'acier, les barrettes et les panaches des écuyers, des archers et des hommes d'armes, ceux qui portaient ces marques distinctives de la profession militaire montrèrent des manières moins polies que les citoyens paisibles. Plus d'une fois, quand, soit par hasard, soit peut-être par prétention à une importance supérieure, quelqu'un de ces individus prenait sur Simon le côté du mur, le jeune apprenti du gantier fronçait le sourcil avec l'air menaçant d'un homme qui désirait prouver l'ardeur de son zèle pour le service de sa maîtresse. Chaque fois que cela lui arrivait, Conachar, c'était le nom de l'apprenti, recevait une réprimande de son maître, qui lui donnait à entendre qu'il ne voulait pas qu'il intervînt en pareilles affaires, sans en avoir reçu l'ordre.

— Jeune insensé, lui dit-il, n'as-tu pas vécu assez long-temps dans ma boutique, pour avoir appris qu'un coup fait naître une querelle, et qu'un poignard coupe la peau aussi vite qu'une aiguille perce le cuir? Ne sais-tu pas que j'aime la paix, quoique je n'aie jamais craint la guerre; et que je me soucie fort peu de quel côté de la chaussée ma fille et moi nous marchons, pourvu que nous puissions cheminer paisiblement? Conachar s'excusa sur le zèle qu'il avait pour l'honneur de son maître; mais cette réponse ne satisfit pas le vieux bourgeois de Perth. — Qu'avons-nous de commun avec l'honneur? s'écria Simon Glover; si tu veux rester à mon service, songe à l'honnêteté, et laisse l'honneur à ces fanfarons extravagans qui portent des éperons aux talons et du fer sur leurs épaules. Si tu veux te charger d'une pareille garniture et t'en servir, à la bonne heure; mais ce ne sera ni chez moi, ni en ma compagnie.

Cette réprimande parut animer la colère de Conachar, au lieu de la calmer. Mais un signe de Catherine, si le léger mouvement qu'elle fit en levant son petit doigt était véritablement un signe, produisit sur le jeune homme plus d'effet que les reproches de son maitre courroucé. Il perdit sur-le-champ l'air martial qui lui semblait naturel, et redevint l'humble apprenti d'un bourgeois paisible.

Ils furent bientôt joints par un jeune homme portant un manteau qui lui couvrait une partie du visage; c'était l'usage adopté souvent par les galans de ce temps quand ils ne voulaient pas être connus, et qu'ils sortaient pour chercher des aventures. Il semblait, en un mot, un homme qui pouvait dire à ceux qui l'entouraient : — Je désire en ce moment ne pas être connu; je ne veux pas qu'on m'applique mon nom; mais, comme je ne suis responsable de mes actions qu'à moi-même, je ne garde l'incognito que par forme, et je me soucie fort peu que vous me reconnaissiez ou non. Il s'approcha de Catherine, qui tenait le bras de son père, et ralentit le pas, comme pour les accompagner.

— Bonjour, brave homme.

— J'en dis autant à Votre Honneur, et je vous remercie. Puis-je vous prier de continuer votre chemin? Nous marchons trop lentement pour Votre Seigneurie, et notre société est trop humble pour le fils de votre père.

— C'est ce dont le fils de mon père doit être le meilleur juge, vieillard; mais j'ai à vous parler d'affaires, ainsi qu'à la belle sainte Catherine que voici, et qui est la plus aimable et la plus cruelle de toutes les saintes du calendrier.

— Sauf votre respect, milord, je vous ferai observer que c'est aujourd'hui la veille de saint Valentin, et que par conséquent ce n'est pas le moment de parler d'affaires. Votre Honneur peut m'envoyer ses ordres par un valet demain matin, d'aussi bonne heure qu'il lui plaira.

— Il n'y a pas de temps comme le moment présent, répondit le jeune homme, qui semblait être d'un rang à se dispenser de toute cérémonie; je désire savoir si vous avez fini le pourpoint de buffle que j'ai commandé il y a quelque temps; et je vous prie de me dire, belle Catherine, ajouta-t-il en baissant la voix, si vos jolis doigts se sont occupés à le broder, comme vous me l'avez promis. Mais je n'ai pas besoin de vous le demander, car mon pauvre cœur a senti la piqûre de chaque coup d'aiguille que vous avez donné au vêtement qui doit le couvrir. Cruelle, comment pouvez-vous tourmenter un cœur qui vous chérit si tendrement?

— Permettez-moi de vous en supplier, milord, cessez un pareil langage; il ne vous convient pas de me l'adresser, et je ne dois pas l'écouter. Nous sommes d'un rang obscur, mais honnête; et la présence d'un père devrait mettre sa fille à l'abri d'entendre de semblables propos, même dans la bouche de Votre Seigneurie.

Catherine parlait si bas, que ni son père ni Conachar ne pouvaient entendre ce qu'elle disait.

— Eh bien, tyran, répondit le galant persévérant, je ne vous persécuterai pas plus long-temps, pourvu que vous me promettiez que je vous verrai demain matin à votre fenêtre à l'instant où le soleil se montrera au-dessus de la montagne du côté de l'orient, et que vous me donnerez ainsi le droit d'être votre Valentin pendant toute l'année.

— Je n'en ferai rien, milord; il n'y a qu'un moment que mon père me disait que les faucons, et encore moins les aigles, ne s'apparient pas avec l'humble linotte. Cherchez quelque dame de la cour, à qui vos attentions feront honneur; quant à moi, Votre Seigneurie doit me permettre de lui dire la vérité avec franchise, elles ne peuvent que me faire du déshonneur.

Tout en parlant ainsi, ils arrivèrent à la porte de l'église.

— J'espère, milord, dit Simon, que vous nous permettrez ici de prendre congé de vous. Je sais parfaitement que les tourmens et les inquiétudes que vos fantaisies peuvent causer à des gens de notre classe ne sont pas capables de vous y faire renoncer; mais d'après la foule de domestiques qui sont à la porte, vous pouvez voir qu'il y a dans l'église d'autres personnes qui ont droit au respect, et même de la part de Votre Seigneurie.

— Oui, du respect! et qui en a pour moi? murmura le jeune seigneur hautain; un misérable artisan et sa fille, qui devraient se croire trop honorés que je leur accorde la moindre attention, ont l'insolence de me dire que ma compagnie les déshonore.... Fort bien, ma princesse de peau de daim et de soie bleue, je vous en ferai repentir.

Tandis qu'il se parlait ainsi à lui-même, le gantier et sa fille entraient dans l'église des Dominicains, et l'apprenti Conachar, en voulant les suivre de près, coudoya, peut-être avec intention, le jeune seigneur. Le galant, sortant de sa rêverie fâcheuse, et se croyant insulté de propos délibéré, saisit le jeune homme à la poitrine, le frappa et le repoussa rudement. Conachar trébucha et se soutint avec peine, et il porta la main à son côté, comme s'il eût cherché une épée ou un poignard à l'endroit où l'on porte ordinairement ces armes; mais n'en trouvant pas, il fit un geste de colère et de désappointement, et entra dans l'église. Cependant le jeune noble resta les bras croisés sur sa poitrine, en souriant avec hauteur, comme pour narguer son air menaçant. Lorsque Conachar eut disparu, son antagoniste arrangea son manteau de manière à se cacher encore davantage la figure, et fit un signal en levant un de ses gants. Il fut joint aussitôt par deux hommes, qui, déguisés comme lui, avaient attendu ses ordres à peu de distance. Ils parlèrent ensemble avec vivacité; après quoi le jeune seigneur se retira d'un côté, et ses amis ou domestiques partirent de l'autre.

Simon Glover, en entrant dans l'église, avait jeté un regard sur ce groupe, mais il avait pris sa place parmi la congrégation avant que ces trois individus se fussent séparés. Il s'agenouilla avec l'air d'un homme qui a un poids accablant sur l'esprit; mais quand le service fut terminé il parut libre de tous soucis, comme s'il se fût abandonné à la disposition du ciel, lui et ses inquiétudes. L'office divin fut célébré avec solennité, et un grand nombre de seigneurs et de dames de haut rang y étaient présens. On avait fait des préparatifs pour la réception du bon vieux roi lui-même, mais quelques-unes des infirmités auxquelles il était sujet avaient empêché Robert III d'assister au service, comme c'était sa coutume. Lorsque la congrégation se sépara, le gantier et sa charmante fille restèrent encore quelque temps dans l'église, afin d'attendre leur tour pour se placer à un confessionnal, les prêtres venant d'y entrer pour s'acquitter de cette partie de leurs devoirs. Il en résulta que la nuit était tombée, et que les rues étaient désertes quand ils se remirent en chemin pour retourner chez eux. Ceux qui restaient alors dans les rues étaient des coureurs de nuit, des débauchés, ou les serviteurs fainéans et rodomonts de nobles orgueilleux, qui insultaient souvent les passans paisibles, parce qu'ils comptaient sur l'impunité que la faveur dont leurs maîtres jouissaient à la cour n'était que trop propre à leur assurer.

Ce fut peut-être dans la crainte de quelque événement de cette nature que Conachar, s'approchant du gantier, lui dit : — Maître Glover, marchez plus vite ; nous sommes suivis.

— Suivis, dis-tu? Par qui? Pourquoi?

— Par un homme caché dans son manteau, qui nous suit comme notre ombre.

— Je ne changerai point de pas dans Curfew-Street, pour qui que ce soit au monde.

— Mais il a des armes.

— Nous en avons aussi ; et des bras et des mains, des jambes et des pieds. Quoi! Conachar, as-tu peur d'un homme?

— Peur! répéta Conachar indigné de cette supposition ; vous verrez bientôt si j'ai peur.

— Te voilà dans un autre extrême, jeune extravagant ; jamais tu ne sais garder un juste milieu. Parce que nous ne voulons pas courir, il n'est pas nécessaire de nous faire une querelle. Marche en avant avec Catherine, et je prendrai ta place. Nous ne pouvons courir aucun danger quand nous sommes si près de notre maison.

Le gantier se mit donc à l'arrière-garde, et il est très-vrai qu'il remarqua un homme qui les suivait d'assez près pour justifier quelques soupçons, en prenant en considération l'heure et le lieu. Quand ils traversèrent la rue, l'étranger la traversa aussi, et s'ils accéléraient ou ralentissaient le pas, il ne manquait pas d'en faire autant. Cette circonstance aurait paru peu importante à Glover s'il eût été seul; mais la beauté de sa fille pouvait le rendre l'objet de quelque projet criminel, dans un pays où la protection des lois était un bien faible secours pour ceux qui n'avaient pas les moyens de se protéger eux-mêmes. Conachar et sa belle compagne étant arrivés à la porte de leur maison, qui leur fut ouverte par une vieille servante, le gantier se trouva hors de toute inquiétude. Déterminé pourtant à s'assurer, s'il était possible, s'il avait eu quelque motif pour en concevoir, il appela à haute voix l'homme dont les mouvemens avaient donné l'alarme, et qui s'arrêta, quoiqu'il semblât chercher à se tenir à l'ombre. — Allons! allons! avance, l'ami! et ne joue pas à cache-cache. Ne sais-tu pas que ceux qui se promènent dans les ténèbres comme des fantômes, sont exposés à la conjuration du bâton? Avance! te dis-je, et laisse-nous voir ta forme.

— Bien volontiers, maître Glover, dit une des voix les plus fortes qui aient jamais répondu à une question; je suis tout disposé à vous montrer mes formes; je voudrais seulement qu'elles pussent mieux supporter le jour.

—Sur mon ame, je connais cette voix! s'écria Simon. Et est-ce bien toi, véritablement toi, Henry Gow? Sur ma foi! tu ne passeras pas cette porte sans humecter tes lèvres. Le couvre-feu n'est pas encore sonné (1), et quand il le serait, ce ne serait pas une raison pour que le père et le fils se séparassent. Entre, mon garçon; Dorothée nous servira un morceau, et nous viderons un pot avant que tu nous quittes. Entre, te dis-je; ma fille Kate sera charmée de te voir.

Pendant ce temps, il faisait entrer celui à qui il parlait avec tant de cordialité dans une cuisine qui, à moins d'occasions extraordinaires, servait aussi de salle à manger. Elle avait pour ornemens des assiettes d'étain, mêlées de quelques coupes d'argent, rangées très-proprement sur des tablettes comme celles d'un buffet, vulgairement appelé en Écosse le *bink*. Un bon feu, aidé par une lampe qui répandait une vive clarté dans l'appartement, lui donnait un air de gaieté, et la saveur des apprêts du souper, dont Dorothée faisait les préparatifs, n'offensait pas l'odorat de ceux dont il allait satisfaire l'appétit.

L'étranger qui venait d'entrer se laissait voir au milieu d'eux, et quoiqu'il n'eût ni beauté, ni air de dignité, sa stature et son visage non-seulement méritaient l'attention, mais semblaient même la commander. Il était un peu au-dessous de la moyenne taille, mais la largeur

(1) Guillaume-le-Conquérant, après avoir soumis l'Angleterre, craignant les réunions nocturnes et les insurrections, ordonna qu'on sonnât tous les soirs à une certaine heure, qui variait suivant la saison, une cloche au son de laquelle chacun devait éteindre son feu et ses lumières. C'est ce qu'on appelait le *cur-few*, par corruption du mot français *couvre-feu*. — Tr.

de ses épaules, la longueur de ses bras nerveux, les muscles fortement dessinés de tous ses membres, annonçaient un degré de force très-peu ordinaire, et un corps dont la vigueur était entretenue par un exercice constant. Ses jambes étaient un peu courbées, mais d'une manière qui n'avait rien de difforme, et qui semblait même d'accord avec la force de ses membres, quoiqu'elle nuisît jusqu'à un certain point à leur symétrie. Il portait un pourpoint de buffle, et une ceinture à laquelle étaient attachés une large épée ou claymore et un poignard, comme pour défendre la bourse qui, suivant l'usage des bourgeois, y était aussi suspendue. Ses cheveux noirs et frisés étaient coupés près de sa tête, qui était ronde et bien proportionnée. On remarquait dans ses yeux noirs de l'audace et de la résolution, mais ses traits semblaient d'ailleurs exprimer une timidité mêlée de bonne humeur, et annonçaient évidemment sa satisfaction de se retrouver avec ses anciens amis. Abstraction faite de l'expression de timidité qui était celle du moment, le front de Henry Gow, ou Smith, — car on lui donnait indifféremment l'un ou l'autre de ces noms, dont chacun exprimait également sa profession, celle de forgeron, — était découvert et plein de noblesse; mais la partie inférieure de son visage était moins heureusement formée. Sa bouche était grande et garnie de belles dents, dont l'émail et la distribution répondaient à l'air de force et de santé qu'indiquait tout son extérieur. Une barbe courte et épaisse, et des moustaches qui avaient été récemment arrangées avec soin, complétaient son portrait. Vingt-huit ans pouvaient être son âge.

Toute la famille parut également charmée de revoir

inopinément un ancien ami. Simon Glover lui secoua la main à plusieurs reprises, Dorothée lui fit ses complimens, et Catherine lui offrit la main d'elle-même. Henry la prit dans les siennes, comme s'il avait eu dessein de la porter à ses lèvres ; mais il y avait sur les joues de la Jolie Fille de Perth un sourire mêlé de rougeur qui semblait augmenter la confusion du galant. Simon, voyant l'hésitation de son ami, s'écria avec un ton de franche gaieté :

— Ses lèvres ! mon garçon, ses lèvres ! C'est ce que je ne dirais pas à tous ceux qui passent le seuil de ma porte. Mais, par saint Valentin dont c'est demain la fête, je suis si charmé de te revoir dans notre bonne ville de Perth, qu'il serait difficile de dire ce que je pourrais te refuser.

Gow, Smith, le Forgeron, car ces trois dénominations s'appliquaient au même individu, et désignaient, comme nous l'avons dit plus haut, sa profession, se trouvant encouragé de cette manière, prit un baiser modeste sur les lèvres de Catherine, qui s'y prêta avec un sourire d'affection qui aurait pu convenir à une sœur ; et elle lui dit ensuite : — Permettez-moi d'espérer que je revois à Perth un homme repentant et corrigé.

Henry lui tenait la main, comme s'il allait lui répondre ; mais il la laissa échapper tout à coup, en homme qui perd courage à l'instant d'en montrer, et reculant comme s'il eût été effrayé de la liberté qu'il venait de prendre, ses joues basanées rougissant de plaisir et de timidité, il s'assit près du feu, du côté opposé à celui où se trouvait Catherine.

— Allons, Dorothée ! s'écria Simon ; dépêche-toi,

vieille femme! Le souper!... Et Conachar!... où est Conachar?

— Il est allé se coucher avec un mal de tête, dit Catherine en hésitant.

— Va l'appeler, Dorothée, reprit Glover; je ne souffrirai pas qu'il se conduise ainsi. Son sang montagnard est sans doute trop noble pour étendre une nappe sur la table, et pour donner une assiette; et il s'attend à entrer dans l'ancien et honorable corps des maîtres gantiers, sans avoir rempli tous ses devoirs d'apprenti! Va l'appeler, te dis-je; je ne veux pas être négligé ainsi.

On entendit bientôt Dorothée appeler l'apprenti volontaire sur l'escalier, ou plutôt sur l'échelle qui conduisait au grenier qui lui servait de chambre, et où il avait fait une retraite prématurée. Conachar répondit en murmurant, et bientôt après il rentra dans la cuisine servant de salle à manger. Ses traits hautains, quoique beaux, étaient chargés d'un sombre nuage de mécontentement, et tandis qu'il couvrait la table d'une nappe, et qu'il y plaçait les assiettes, le sel, les épices, et d'autres assaisonnemens, qu'il s'acquittait en un mot des devoirs d'un domestique de nos jours, et que l'usage du temps imposait à tous les apprentis, il était évidemment dégoûté et indigné des fonctions serviles qu'il était obligé de remplir. La Jolie Fille de Perth le regardait avec quelque inquiétude, comme si elle eût craint que sa mauvaise humeur manifeste n'augmentât le mécontentement de son maître; et ce ne fut que lorsque les yeux de Conachar eurent rencontré pour la seconde fois ceux de Catherine, qu'il daigna déguiser un peu sa répugnance, et mettre une plus grande apparence de soumission et de bonne volonté dans son service.

Et ici nous devons informer nos lecteurs que, quoique les regards échangés entre Catherine Glover et le jeune montagnard indiquassent qu'elle prenait quelque intérêt à la conduite de l'apprenti, l'observateur le plus attentif aurait été fort embarrassé pour découvrir si le sentiment qu'elle éprouvait était plus vif que celui qui était naturel à une jeune personne à l'égard d'un jeune homme de son âge, habitant la même maison, et avec lequel elle vivait dans une habitude d'intimité.

— Tu as fait un long voyage, mon fils Henry, dit Glover, qui lui avait toujours donné ce titre d'affection, quoiqu'il ne fût aucunement parent du jeune artisan; tu as vu bien d'autres rivières que le Tay, et bien d'autres villes que Saint-Johnstoun (1).

— Mais je n'ai vu ni ville ni rivière qui me plaise à moitié autant, et qui mérite à moitié autant de me plaire, répondit Smith; je vous garantis, mon père, qu'en traversant les Wicks de Beglie, quand je vis notre belle ville s'offrir à mes yeux, comme la reine des fées dans un roman, lorsque le chevalier la trouve endormie sur un lit de fleurs sauvages, je me sentis comme l'oiseau qui plie ses ailes fatiguées en s'abattant sur son nid.

— Ah! ah! tu n'as donc pas encore renoncé au style poétique? Quoi! aurons-nous donc encore nos ballades,

(1) Perth se nommait autrefois Saint-Johnstoun. Les Pictes, après leur conversion au christianisme, bâtirent en cet endroit une église qu'ils dédièrent à saint Jean (*saint John.*) De là cette ville prit le nom de Saint-Johnstoun, c'est-à-dire ville de Saint-Jean. — Tr.

nos rondeaux, nos joyeux noëls, nos rondes pour danser autour du mai?

— Il n'y a rien d'impossible à cela, mon père, quoique le vent des soufflets et le bruit des marteaux tombant sur l'enclume ne soient pas un excellent accompagnement pour les chants du ménestrel; mais je ne puis leur en donner d'autre, car si je fais de mauvais vers, je veux tâcher de faire une bonne fortune.

— Bien dit, mon fils; on ne saurait mieux parler. Et tu as sans doute fait un voyage profitable?

— Très-avantageux. J'ai vendu le haubert d'acier que vous savez quatre cents marcs au gardien anglais des Marches orientales, sir Magnus Redman. J'ai consenti qu'il l'essayât en y donnant un grand coup de sabre, après quoi il ne m'a pas demandé à en rabattre un sou; tandis que ce mendiant, ce brigand de montagnard qui me l'avait commandé, avait marchandé ensuite pour en réduire le prix de moitié, quoique ce fût le travail d'un an.

— Eh bien, qu'as-tu donc, Conachar? dit Simon, s'adressant par forme de parenthèse à son apprenti montagnard. Ne sauras-tu jamais t'occuper de ta besogne sans faire attention à ce qui se passe autour de toi? Que t'importe qu'un Anglais regarde comme étant à bon marché ce qui peut paraître cher à un Écossais?

Conachar se tourna vers lui pour lui répondre; mais après un instant de réflexion il baissa les yeux et chercha à reprendre son calme, qui avait été dérangé par la manière méprisante dont Smith venait de parler de ses pratiques des montagnes. Henry continua, sans faire attention à l'apprenti.

— J'ai aussi vendu à bon prix quelques sabres et quelques couteaux de chasse pendant que j'étais à Édimbourg. On s'y attend à la guerre, et s'il plaît à Dieu de nous l'envoyer, mes marchandises vaudront leur prix, graces en soient rendues à saint Dunstan, car il était de notre métier (1). En un mot, ajouta-t-il en mettant la main sur sa bourse, cette bourse, qui était maigre et plate quand je suis parti il y a quatre mois, est maintenant ronde et grasse comme un cochon de lait de six semaines.

— Et cet autre drôle à poignée de fer et à fourreau de cuir, qui est suspendu à côté d'elle, n'a-t-il eu rien à faire pendant tout ce temps? Allons, Smith, avoue la vérité; combien as-tu eu de querelles depuis que tu as passé le Tay?

— Vous avez tort, mon père, répondit Smith en jetant un coup d'œil à la dérobée sur Catherine, de me faire une pareille question, et surtout en présence de votre fille. Il est bien vrai que je forge des sabres, mais je laisse à d'autres le soin de s'en servir. Non, non, il est bien rare que j'aie à la main une lame nue, si ce n'est pour la fourbir et lui donner le fil. Et cependant de mauvaises langues m'ont calomnié, et ont fait croire à Catherine que le bourgeois le plus paisible de Perth était un tapageur. Je voudrais que le plus brave d'entre eux osât parler ainsi sur le haut du Kinnoul, et que je m'y trouvasse tête à tête avec lui!

— Oui, oui, dit Glover en riant, et nous aurions une belle preuve de ton humeur patiente et paisible. Fi!

---

(1) Ce saint, disent les chroniques, reçut dans sa forge une visite du diable, et trouvant sous sa main des pinces rouges au feu, il en saisit le nez du tentateur, qui s'enfuit en hurlant.

ÉD.

Henry! peux-tu faire de pareils contes à un homme qui te connaît si bien? Tu regardes Kate comme si elle ne savait pas qu'il faut en ce pays que la main d'un homme puisse garder sa tête, s'il veut dormir avec quelque tranquillité. Allons, allons, conviens que tu as gâté autant d'armures que tu en as fait.

— Ma foi, père Simon, ce serait un mauvais armurier que celui qui ne saurait pas donner, par quelques bons coups, des preuves de son savoir-faire. S'il ne m'arrivait pas de temps en temps de fendre un casque et de trouver le défaut d'une cuirasse, je ne connaîtrais pas le degré de force que je dois donner aux armures que je fabrique; j'en ferais de carton, comme celles que les forgerons d'Édimbourg n'ont pas de honte de laisser sortir de leurs mains.

— Ah! je gagerais une couronne d'or que tu as eu une querelle à ce sujet avec quelque armurier d'Édimbourg.

— Une querelle! non, mon père; mais j'avoue que j'ai mesuré mon épée avec un d'entre eux sur le mont Saint-Léonard, pour l'honneur de notre bonne ville. Certainement vous ne pouvez croire que je voulusse avoir une querelle avec un confrère.

— Sûrement non. Mais comment ton confrère s'en est-il tiré?

— Comme un homme qui n'aurait sur sa poitrine qu'une feuille de papier se tirerait d'un coup de lance; ou, pour mieux dire, il ne s'en est pas tiré du tout, car lorsque je suis parti, il était encore dans la cabane de l'ermite attendant la mort tous les jours, et le père Gervais m'a dit qu'il s'y préparait en bon chrétien.

— Et as-tu mesuré ton épée avec quelque autre?

— Pour dire la vérité, je me suis battu avec un Anglais à Berwick, pour la vieille question de la suprématie (1), comme ils l'appellent. Je suis bien sûr que vous n'auriez pas voulu que je ne soutinsse pas une pareille cause; et j'ai eu le bonheur de le blesser au genou gauche.

— Bravo! par saint André! — Et à qui as-tu eu affaire ensuite? demanda Simon riant des exploits de son ami pacifique.

— J'ai combattu contre un Écossais dans le Torwood, parce que nous doutions lequel de nous maniait le mieux la claymore. Or, vous sentez que cette question ne pouvait se décider qu'en mettant notre savoir-faire à l'épreuve. Il en a coûté deux doigts au pauvre diable.

— C'est assez bien pour le bourgeois le plus paisible de Perth, qui ne touche jamais une lame que pour la fourbir. As-tu quelque chose de plus à nous dire?

— Presque rien; car ce n'est guère la peine de parler d'une correction que j'ai administrée à un montagnard.

— Et pourquoi la lui as-tu administrée, homme de paix?

— Je ne saurais trop le dire, si ce n'est que je le rencontrai au sud du pont de Stirling.

— Eh bien! je vais boire à ta santé, et tu es le bienvenu chez moi après tous ces exploits. Allons, Conachar, évertue-toi, mon garçon; sers-nous à boire, et tu prendras pour toi-même une coupe de cette bonne ale.

Conachar emplit deux coupes d'ale, et les présenta à son maître et à Catherine avec le respect convenable; après quoi, mettant le pot sur la table, il se rassit.

(1) La suzeraineté à laquelle l'Angleterre prétendait sur l'Écosse depuis Robert Bruce et de plus loin. — TR.

— Comment! drôle! s'écria Glover; est-ce ainsi que tu agis? Offre donc une coupe à mon hôte, au digne maître Henry Smith.

— Maître Smith peut se servir lui-même, s'il a envie de boire, répondit le jeune Celte. Le fils de mon père s'est déjà assez dégradé pour une soirée.

— Tu as le chant bien haut pour un jeune coq, dit Henry; mais au fond, tu as raison, mon garçon : celui qui a besoin d'un échanson pour boire mérite de mourir de soif.

Le vieux Simon ne montra pas tant de patience en voyant la désobéissance de son jeune apprenti.

— Sur ma parole, s'écria-t-il, et par la meilleure paire de gants que j'aie jamais faite, tu lui présenteras une coupe de cette ale, si tu veux que toi et moi nous passions cette nuit sous le même toit.

En entendant cette menace, Conachar se leva d'un air sombre, et s'approchant de Smith, qui avait déjà pris la coupe en main, il la remplit; et tandis que Henry levait le bras pour la porter à sa bouche, il feignit de faire un faux pas, se laissa tomber en le heurtant, et la liqueur écumante se répandit sur la figure et les vêtemens de l'armurier. En dépit de son penchant belliqueux, Smith avait réellement un bon caractère; mais une telle provocation lui fit perdre patience : il saisit le jeune homme au gosier, qui lui tomba le premier sous la main; et le serrant pour repousser Conachar, il s'écria : — Si tu m'eusses joué un pareil tour partout ailleurs, gibier de potence, je t'aurais coupé les deux oreilles, comme je l'ai déjà fait à plus d'un montagnard de ton clan.

Conachar se releva avec l'activité d'un tigre, et s'écriant : — Tu ne t'en vanteras jamais une seconde fois, il tira de son sein un petit couteau bien affilé, et s'élançant sur Henry Smith, il chercha à le lui enfoncer dans le cou, au-dessus de la clavicule; ce qui lui aurait fait une blessure mortelle. Mais celui qu'il attaquait ainsi mit une telle promptitude à lui arrêter le bras, que la lame du couteau ne fit que lui effleurer la peau suffisamment pour en tirer du sang. Tenant le bras de l'apprenti d'une main qui le serrait comme une paire de tenailles, il le désarma en un instant. Conachar, se voyant à la merci de son formidable antagoniste, sentit une pâleur mortelle succéder sur ses joues à la rougeur dont la colère les avait animées, et il resta muet de honte et de crainte. Enfin Smith, lui lâchant le bras, lui dit avec le plus grand calme : — Il est heureux pour toi que tu ne sois pas digne de ma colère. Tu n'es qu'un enfant, je suis un homme ; je n'aurais dû rien dire qui pût te provoquer : mais que ceci te serve de leçon.

Conachar eut un instant l'air de vouloir lui répondre; mais il sortit tout à coup de l'appartement avant que Simon fût assez revenu de sa surprise pour pouvoir parler. Dorothée cherchait partout des simples et des onguens. Catherine s'était évanouie en voyant couler le sang.

— Permettez-moi de partir, père Simon, dit Henry d'un ton mélancolique ; j'aurais dû deviner que mon ancien guignon m'aurait suivi ici, et que j'aurais occasioné une scène de querelle et de sang dans un endroit où j'aurais voulu apporter la paix et le bonheur. Ne faites pas attention à moi, et donnez tous vos soins à Catherine. La vue de ce qui vient de se passer l'a tuée, et tout cela par ma faute !

— Ta faute, mon fils ! — C'est la faute de ce brigand montagnard. C'est une malédiction pour moi que de l'avoir dans ma maison ; mais il retournera sur ses montagnes demain matin, ou il fera connaissance avec la prison de la ville. — Attenter à la vie de l'hôte de son maître dans la maison même de son maître ! Cela rompt tous les liens entre nous. — Montre-moi ta blessure.

— Catherine ! répéta Henry ; songez à Catherine.

— Dorothée en aura soin. — La surprise et la frayeur ne tuent point ; mais les poignards et les couteaux sont plus dangereux. D'ailleurs si elle est ma fille suivant le sang, tu es mon fils d'affection, mon cher Henry. — Laisse-moi voir ta blessure. Le couteau est une arme perfide dans la main d'un montagnard.

— Je ne m'en soucie pas plus que de l'égratignure d'un chat sauvage ; et maintenant que les couleurs commencent à reparaître sur les joues de Catherine, vous allez voir qu'il n'en sera plus question dans un moment.

A ces mots, il s'approcha d'un petit miroir qui était suspendu à la muraille dans un coin, prit dans sa poche de la charpie pour l'appliquer sur la blessure legère qu'il avait reçue, et écarta de son cou et de ses épaules le pourpoint de peau qui les couvrait. Ses formes mâles n'étaient pas plus remarquables que la blancheur de sa peau dans les parties de son corps qui n'avaient pas été, comme ses mains et son visage, exposées aux intempéries de l'air et aux suites de son métier laborieux. Il se servit à la hâte de sa charpie pour arrêter le sang, et après en avoir, avec un peu d'eau fraîche, fait disparaître les dernières traces, il boutonna son pourpoint, et se tourna vers Catherine, qui, quoique encore pâle et tremblante, était pourtant revenue de son évanouissement.

— Me pardonnerez-vous, lui dit-il, de vous avoir offensée à l'instant même de mon retour? Ce jeune homme a été assez fou pour me provoquer, et j'ai été plus fou de me laisser provoquer par un pareil blanc-bec. Votre père ne me blâme pas, Catherine; et vous, ne pouvez-vous me pardonner?

— Je n'ai rien à pardonner, répondit Catherine, quand je n'ai pas le droit d'être offensée. Si mon père trouve bon que sa maison devienne un théâtre de querelles nocturnes, il faut bien que j'en sois témoin, je ne saurais l'empêcher. J'ai peut-être eu tort d'avoir interrompu par mon évanouissement la suite d'un si beau combat. Ma seule excuse c'est que je ne puis supporter la vue du sang.

— Et est-ce de cette manière que vous recevez mon ami après sa longue absence? lui demanda son père. Mon ami! c'est mon fils que je dois dire; il manque d'être assassiné par un drôle dont je débarrasserai demain cette maison, et vous le traitez comme s'il avait eu tort de repousser le serpent qui voulait l'empoisonner de son venin!

— Il ne m'appartient pas, mon père, répondit la Jolie Fille de Perth, de décider qui a eu raison ou tort dans la querelle qui vient d'avoir lieu; je n'ai même pas vu assez distinctement ce qui s'est passé pour pouvoir dire qui a été l'agresseur, et qui n'a fait que se défendre. Mais bien certainement notre ami maître Henry ne niera pas qu'il ne vive dans une atmosphère perpétuelle de querelles, de combats et de sang. S'il entend vanter l'adresse de quelqu'un à manier la claymore, il devient jaloux de sa réputation, et il faut qu'il mette son savoir-faire à l'épreuve. S'il est témoin d'une querelle, il se jette au beau milieu; s'il a des amis, il se bat avec eux par honneur; s'il a des ennemis, il les combat par esprit de haine et de vengeance; et ceux qui ne sont ni ses amis ni ses ennemis, il les attaque parce qu'ils se trouvent au nord ou au sud d'une rivière. Ses jours sont des jours de combats, et il passe sans doute ses nuits à se battre en rêve.

— Ma fille, dit Simon, ta langue se donne trop de licence. Les querelles et les combats sont l'affaire des hommes, et non celle des femmes; et il ne convient à une jeune fille ni d'en parler ni même d'y songer.

— Mais si l'on se les permet en notre présence, mon père, il est un peu dur de nous défendre d'en parler et d'y songer. Je conviendrai avec vous que ce vaillant bourgeois de Perth a un des meilleurs cœurs qu'on puisse trouver dans l'enceinte de cette ville, — qu'il s'écarterait de trois cents pas de son chemin plutôt que de marcher sur un insecte, — qu'il n'aimerait pas plus à tuer une araignée de gaieté de cœur que s'il était certain parent du roi Robert, d'heureuse mémoire (1). Que lors de la dernière querelle qu'il eut avant son départ, il se battit avec quatre bouchers pour les empêcher de tuer un pauvre boule-dogue qui ne s'était pas bien comporté dans le combat du taureau, et que ce ne fut pas sans peine qu'il évita d'avoir le sort du chien qu'il protégeait. Je conviendrai aussi que le pauvre ne passe jamais devant la porte du riche armurier sans y trouver

(1) Allusion au respect de Robert Bruce pour les araignées depuis qu'il avait trouvé, dans le travail d'un de ces insectes, le symbole prophétique de son triomphe. — ÉD.

des alimens et des aumônes. Mais à quoi sert sa charité quand son bras condamne aux pleurs et à l'indigence autant de veuves et d'orphelins que sa bourse en soulage?

— Écoute seulement un mot, Catherine, avant de continuer à adresser à mon ami cette litanie de reproches qui ont bien quelque apparence de bon sens, mais qui dans le fond ne sont pas d'accord avec tout ce que nous voyons et ce que nous entendons. Quel est le spectacle auquel s'empressent de courir notre roi et toute sa cour, nos nobles, nos dames, nos abbés, nos moines et nos prêtres? N'est-ce pas un tournoi, une joûte? N'y vont-ils pas pour admirer les prouesses de la chevalerie, pour être témoins des hauts faits de braves chevaliers, pour voir des actions glorieuses et honorables exécutées par les armes et au prix du sang? En quoi diffère ce que font ces nobles chevaliers de ce que fait notre bon Henry Gow dans sa sphère? Qui a jamais entendu dire qu'il ait abusé de sa force et de son adresse pour faire le mal ou favoriser l'oppression ; et qui ne sait combien de fois il en a fait usage pour servir la bonne cause dans notre ville? Ne devrais-tu pas, toi, parmi toutes les femmes de la ville, te faire une gloire et un honneur de ce qu'un homme ayant un cœur si bien placé et un bras si vigoureux se soit déclaré ton bachelier? De quoi les dames les plus orgueilleuses sont-elles le plus fières, si ce n'est de la prouesse de leur galant? Et le plus hardi chevalier d'Écosse a-t-il fait des exploits plus remarquables que mon brave fils Henry, quoiqu'il ne soit que d'humble extraction? N'est-il pas renommé dans la haute et la basse Écosse comme le meilleur armurier qui ait jamais forgé une claymore et le meilleur soldat qui l'ait jamais tirée du fourreau?

— Vous êtes en contradiction avec vous-même, mon père, si vous permettez à votre fille de parler ainsi. Remercions Dieu et tous les saints d'être nés dans une humble et paisible condition, qui nous place au-dessous de l'attention de ceux qu'une haute naissance et plus encore l'orgueil conduisent à la gloire par des œuvres de cruauté sanguinaire, que les grands et les puissans appellent des faits de chevalerie. Votre sagesse conviendra qu'il serait absurde à nous de vouloir nous parer de leurs plumes, et porter leurs splendides vêtemens : pourquoi donc imiterions-nous les vices dans lesquels ils se donnent pleine carrière? pourquoi prendrions-nous l'orgueil de leur cœur endurci et leur cruauté barbare, qui se fait du meurtre non-seulement un divertissement, mais un triomphe et un sujet de vaine gloire? Que ceux dont le rang réclame des hommages sanglans s'en fassent un honneur et un plaisir; mais nous, qui ne sommes pas du nombre des sacrificateurs, nous n'en pouvons que mieux plaindre les souffrances des victimes. Remercions le ciel de nous avoir placés dans notre humble situation, puisqu'elle nous met à l'abri de la tentation. — Mais pardonnez-moi, mon père, si j'ai passé les bornes de mon devoir en combattant les idées que vous avez sur ce sujet, et qui vous sont communes avec tant d'autres personnes.

— Sur ma foi, Catherine, tu as la langue trop bien pendue pour moi, lui dit son père avec un peu d'humeur. Je ne suis qu'un pauvre artisan, et ce que je sais le mieux c'est distinguer le gant de la main droite de celui de la main gauche. Mais si tu veux que je te pardonne, dis quelques mots de consolation à mon pauvre Henry. Le voilà confondu et déconcerté de t'avoir entendue prêcher comme tu viens de le faire; et lui, pour qui le son d'une trompette était comme une invitation à un festin, le voilà qui baisse l'oreille au son du sifflet d'un enfant.

Dans le fait, Henry Smith, en entendant la voix qui lui était si chère peindre son caractère sous des couleurs si défavorables, avait baissé la tête sur la table en l'appuyant sur ses bras croisés, dans l'attitude de l'accablement le plus profond et presque du désespoir.

— Plût au ciel, mon père, répondit Catherine, qu'il fût en mon pouvoir de donner des consolations à Henry sans trahir la cause sacrée de la vérité dont je viens d'être l'interprète! Et je puis, je dois même avoir une telle mission, continua-t-elle d'un ton qui, d'après la beauté parfaite de ses traits et l'enthousiasme avec lequel elle parlait, aurait pu passer pour de l'inspiration. Prenant alors un ton plus solennel : — Le ciel, dit-elle, ne confia jamais la vérité à une bouche, quelque faible qu'elle fût, sans lui donner le droit d'annoncer la merci tout en prononçant le jugement. Lève la tête, Henry; lève la tête, homme bon, généreux et magnanime, quoique cruellement égaré! Tes fautes sont celles de ce siècle cruel et sans remords, tes vertus n'appartiennent qu'à toi.

Tandis qu'elle parlait ainsi elle plaça une main sur le bras de Smith, et le tirant de dessous sa tête avec une douce violence, mais à laquelle il ne put résister, elle le força à lever vers elle ses traits mâles et ses yeux, dans lesquels les reproches de Catherine, joints à d'autres sentimens, avaient appelé des larmes. — Ne pleure pas, lui dit-elle, ou plutôt pleure, mais pleure comme ceux qui conservent l'espérance. Abjure les démons de l'orgueil et de la colère qui t'assiégent si constamment; et jette loin de toi ces maudites armes, dont l'usage fatal et meurtrier t'offre une tentation à laquelle tu te laisses aller si aisément.

— Ce sont des conseils perdus, Catherine, répondit Smith. Je puis me faire moine, et me retirer du monde; mais tant que j'y vivrai il faut que je m'occupe de mon métier, et tant que je fabriquerai des armes pour les autres je ne puis résister à la tentation de m'en servir moi-même. Vous ne m'adresseriez pas les reproches que vous me faites si vous saviez combien les moyens par lesquels je gagne mon pain sont inséparables de cet esprit guerrier dont vous me faites un crime, quoiqu'il soit le résultat d'une nécessité inévitable. Tandis que je donne au bouclier ou à la cuirasse la solidité nécessaire pour résister aux coups, ne dois-je pas toujours avoir l'esprit fixé sur la manière dont on les frappe, sur la force avec laquelle on les reporte; et quand je forge ou que je trempe une épée, m'est-il possible d'oublier l'usage auquel elle est destinée?

— Eh bien, mon cher Henry, s'écria la jeune enthousiaste, tandis que ses deux petites mains saisissaient la main forte et nerveuse du vigoureux armurier qu'elles soulevèrent avec quelque difficulté, Smith n'opposant aucune résistance à ce mouvement, mais ne faisant que s'y prêter sans l'aider; eh bien, mon cher Henry, renoncez à la profession qui vous environne de tels pièges. Abjurez la fabrication de ces armes qui ne peuvent être utiles que pour abréger la vie humaine, déjà trop courte pour le repentir, ou pour encourager, par un sentiment de sécurité, ceux que la crainte pourrait empêcher sans cela de s'exposer au péril. L'art de forger des armes offensives et défensives est criminel pour un homme dont le caractère toujours violent trouve dans ce travail un piège et une occasion de pécher. Renoncez donc entièrement à fabriquer des armes de quelque espèce que ce soit, et méritez le pardon du ciel, en abjurant tout ce qui peut vous faire retomber dans votre péché habituel.

— Et que ferai-je pour gagner ma vie, demanda Smith, quand j'aurai abandonné la profession par laquelle Henry de Perth s'est fait connaître depuis le Tay jusqu'à la Tamise?

— Votre art vous offre des ressources louables et innocentes, répondit Catherine. Si vous renoncez à forger des épées et des boucliers, vous pouvez vous consacrer à fabriquer la bêche utile et le fer de l'honorable charrue, tous ces outils qui contribuent à soutenir la vie ou à en augmenter l'agrément. Vous pouvez forger des barres et des serrures pour défendre la propriété du faible contre l'oppression du plus fort et les agressions des brigands. La foule se rendra encore chez vous, et votre honnête industrie se trouvera.....

Ici Catherine fut interrompue. Ses déclamations contre les tournois et les joûtes contenaient une doctrine toute nouvelle pour son père, et cependant il les avait entendues en se disant tout bas qu'elle pourrait bien n'avoir pas tout-à-fait tort. Il désirait même secrètement que celui dont il avait le projet de faire son gendre ne s'exposât pas volontairement aux périls que le caractère entreprenant et la force prodigieuse de Smith lui avaient fait braver jusqu'alors trop aisément. Jusqu'à ce point il aurait désiré que les argumens de Catherine produisissent quelque effet sur l'esprit de son amant, qu'il savait être aussi docile quand l'affection exerçait son influence sur lui, qu'il était opiniâtre et intraitable quand il était attaqué par des remontrances hostiles ou des menaces. Mais les raisonnemens de sa fille contrarièrent ses vues quand il l'entendit insister pour prouver que celui qu'il voulait choisir pour gendre devait renoncer à la profession la plus lucrative qui existât alors en Écosse, et qui rapportait plus de profit à Henry de Perth qu'à aucun autre armurier du royaume. Il avait quelque idée confuse qu'il ne serait pas mal de faire perdre à Smith l'habitude qu'il avait de recourir trop souvent aux armes, quoiqu'il ne pût sans en être fier se voir lié à un homme qui les maniait avec tant de supériorité, ce qui n'était pas un petit mérite dans ce siècle belliqueux. Mais quand il entendit sa fille recommander à son amant, comme la route la plus courte pour arriver à cet état pacifique d'esprit, de renoncer à cette profession lucrative dans laquelle il n'avait pas de rival, et qui, d'après les querelles particulières qui avaient lieu tous les jours et les guerres fréquentes à cette époque, était sûre de lui rapporter un profit considérable, il ne put retenir plus long-temps sa colère. Catherine avait à peine donné à son amant le conseil de fabriquer des instrumens d'agriculture, que son père, convaincu qu'il avait raison, ce dont il avait douté dans la première partie des remontrances de sa fille, s'écria avec vivacité :

— Des barres et des serrures ! des fers de charrue et des dents de herse !... et pourquoi pas des pelles et des pincettes? Il ne lui faudrait plus qu'un âne pour porter ses marchandises de village en village, et tu en conduirais un second par le licou... As-tu tout-à-fait perdu le bon sens, Catherine? ou t'imagines-tu que, dans ce siècle de fer, on trouve beaucoup de gens disposés à donner de l'argent pour autre chose que ce qui peut les mettre en état d'ôter la vie à leurs ennemis ou de défendre la leur? Ce qu'il nous faut à présent, sotte fille, c'est une épée pour nous protéger, et non des charrues pour ouvrir la terre afin de lui confier des grains que nous ne verrons peut-être jamais produire une moisson. Quant au pain dont on a besoin chaque jour, le plus fort s'en empare, et il vit; le faible s'en passe, et meurt de faim. Heureux celui qui, comme mon digne fils, a le moyen de gagner sa vie autrement qu'à la pointe de l'épée qu'il fabrique! Prêche-lui la paix autant que tu le voudras, ce n'est pas moi qui te dirai jamais non à cet égard; mais l'entendre conseiller au premier armurier d'Écosse de renoncer à fabriquer des épées, des haches d'armes et des armures, il y a de quoi pousser à bout la patience même. Retire-toi! et demain matin, si tu as le bonheur de voir Henry Smith, ce que tu ne mérites guère d'après la manière dont tu l'as traité, souviens-toi que tu verras un homme qui n'a pas son égal en Écosse dans le maniement des armes, et qui peut gagner cinq cents marcs par an, sans manquer au repos d'un seul jour de fête.

Catherine, en entendant son père parler d'un ton si péremptoire, le salua avec respect, et, sans plus de cérémonie, se retira dans sa chambre à coucher.

CHAPITRE III.

Le cœur de l'armurier était en proie à divers sentimens contraires ; il battait comme s'il avait voulu percer le pourpoint de buffle qui le couvrait. Smith se leva, détourna la tête, et tendit la main au gantier sans le regarder, comme s'il eût désiré ne pas laisser apercevoir l'émotion que sa physionomie annonçait.

— Je veux être pendu si je te dis adieu à présent, Henry, s'écria Simon en donnant un coup du plat de la main sur celle que Smith lui présentait. — Je ne te serrerai pas la main d'ici à une heure au plus tôt. Attends un moment, mon garçon, et je t'expliquerai tout cela. A coup sûr, quelques gouttes de sang qu'a fait couler une égratignure, et quelques sottes paroles sorties de la bouche d'une jeune folle, ne doivent pas séparer le père et le fils, quand ils ont été si long-temps sans se voir. Reste donc, si tu désires obtenir la bénédiction d'un père et celle de saint Valentin, dont c'est demain la fête.

Le gantier appela Dorothée à haute voix, et quand elle eut monté et descendu quelques escaliers, sa marche étant accompagnée par le cliquetis du trousseau de clefs suspendu à son côté, elle apporta trois grandes coupes de cristal vert, ce qui était alors regardé comme une curiosité rare et précieuse, et Simon mit sur la table une énorme bouteille qui contenait au moins six pintes de notre siècle dégénéré.

— Voici du vin qui a au moins le double de mon âge, Henry, dit-il; mon père le reçut en présent du vieux Crabbe, célèbre ingénieur flamand qui défendit Perth si vigoureusement pendant la minorité de David II. Nous autres gantiers nous ne laissons pas de profiter de la guerre, quoiqu'elle ait un rapport moins direct avec nous qu'avec vous autres qui travaillez en fer et en acier. Mon père avait gagné les bonnes graces du vieux Crabbe; quelque autre jour je te dirai à quelle occasion, et combien de temps ces bouteilles sont restées enterrées pour les mettre à l'abri des maraudeurs anglais. Maintenant je viderai cette coupe à la santé de l'ame de mon respectable père : puissent ses péchés lui être pardonnés! — Dorothée, bois aussi un coup à la même santé, et puis tu monteras dans ton grenier. Je sais que les oreilles te démangent, mais ce que j'ai à dire ne doit être entendu que par mon fils d'adoption.

Dorothée ne hasarda pas une remontrance, mais, prenant son verre avec courage, elle le vida, et se retira dans sa chambre. Les deux amis restèrent seuls.

— Je suis fâché, ami Henry, dit Simon en remplissant sa coupe et celle de son hôte; je suis fâché au fond de l'ame que ma fille soit d'une humeur si maussade; mais il me semble que c'est un peu ta faute. Pourquoi viens-tu ici avec une épée et un poignard, quand tu sais qu'elle est assez sotte pour ne pouvoir supporter la vue de ces armes? Ne te souviens-tu pas que tu eus une sorte de querelle avec elle, avant ton dernier départ de Perth, parce que tu ne veux pas prendre le costume pacifique des honnêtes bourgeois, mais qu'il faut que tu sois toujours armé comme ces coquins de Jackmen qui sont au service de la noblesse? Sûrement il est assez temps pour un paisible bourgeois de prendre ses armes quand la grosse cloche de la ville nous donne le signal de la guerre.

— Je vous dirai, père Simon, que ce n'est pas ma faute. A peine étais-je descendu de cheval que je me rendis ici pour vous informer de mon retour, pensant à vous demander votre permission pour être cette année le Valentin de miss Catherine. Mistress Dorothée m'ayant appris que vous étiez allés tous deux à l'église des Frères Noirs, je vous y suivis, en premier lieu pour assister à l'office avec vous, et aussi, que Notre-Dame et saint Valentin me le pardonnent! pour jeter un coup d'œil sur celle qui ne pense guère à moi. Comme vous entriez dans l'église, je vis trois hommes, qui me parurent suspects, qui tenaient conseil ensemble en vous regardant ainsi que Catherine; et je reconnus notamment sir John Ramorny, malgré son déguisement, et quoiqu'il eût un œil couvert d'une mouche de velours et qu'il portât un manteau semblable à celui d'un laquais. Si bien que je pensai que, comme vous étiez vieux, père Simon, et que ce brin de montagnard était un peu trop jeune pour bien se battre, je ferais bien de vous suivre tranquillement quand vous retourneriez chez vous, ne doutant pas qu'avec les outils que je portais je ne misse aisément à la raison quiconque oserait vous insulter. Vous savez que vous m'avez reconnu vous-même, et que vous m'avez fait entrer chez vous bon gré mal gré : sans cela je vous promets que je ne me serais pas présenté devant votre fille avant d'avoir mis le pourpoint neuf que je me suis fait faire à Berwick à la plus nouvelle mode, et que je n'aurais pas montré à ses yeux ces armes qu'elle ne peut souffrir. Et cependant, pour dire la vérité, il y a malheureusement tant de gens qui, pour une cause ou pour une autre, ont contre moi une rancune mortelle qu'il m'est aussi nécessaire qu'à qui que ce soit en Écosse de ne pas sortir la nuit sans être armé.

— C'est à quoi la sotte ne pense jamais. Elle n'a pas assez de bon sens pour réfléchir que, dans notre chère Écosse, chacun croit avoir le droit et le privilège de se faire justice à soi-même. Mais, mon garçon, tu as tort de prendre si fort à cœur ce qu'elle t'a dit. Je t'ai vu la langue assez déliée devant d'autres jeunes filles : pourquoi restes-tu muet avec elle?

— Parce qu'elle est quelque chose de tout différent des autres, père Glover ; parce qu'elle est non-seulement plus belle, mais plus sage, plus instruite, plus imposante, plus sainte, et qu'elle me semble pétrie d'un meilleur limon que nous autres qui nous approchons d'elle. Je puis lever la tête assez haut, au milieu des autres jeunes filles quand nous dansons autour du mai; mais quand je suis près de Catherine je ne parais plus à mes yeux qu'un être terrestre, grossier, féroce, digne à peine de lever les yeux sur elle, encore bien moins de répliquer aux préceptes qu'elle me donne.

— Tu es un chaland imprudent, Henry Smith; tu fais trop d'éloges des marchandises que tu as envie d'acheter. Catherine est une bonne fille, je suis son père; mais si tu la gonfles d'amour-propre par ta timidité et tes flatteries, ni toi ni moi nous ne verrons nos souhaits s'accomplir.

— C'est ce que je crains souvent, mon bon père ; car je songe combien peu je suis digne de Catherine.

— Bah! bah! songe à un bout de fil! s'écria le gantier, ou plutôt songe à Catherine et à moi, ami Smith. Songe comme la pauvre fille est assiégée du matin au soir, et par quelle sorte de personnes, même quand les portes et les fenêtres sont fermées. — Encore aujourd'hui nous avons été accostés par un galant trop puissant pour être nommé, — oui; et il n'a pas cherché à cacher sa mauvaise humeur, parce que je n'ai pas voulu souffrir qu'il contât fleurette à ma fille dans l'église même et pendant le service divin. Il y en a d'autres qui ne sont guère plus raisonnables. Je voudrais quelquefois que Catherine fût moins jolie pour qu'elle n'attirât pas cette dangereuse espèce d'admiration, ou qu'elle fût un peu moins sainte, pour qu'elle pût se décider à devenir la femme honnête et contente du brave Henry Smith, qui saurait la protéger contre toute la chevalerie de la cour d'Écosse.

— Et si j'y manquais, dit Henry en allongeant une main et un bras dignes d'un géant, je veux ne jamais faire tomber le marteau sur l'enclume. Oui, et si les choses en venaient là, ma belle Catherine reconnaîtrait qu'il n'y a pas de mal qu'un homme sache un peu se défendre. Mais je crois qu'elle s'imagine que le monde est une grande cathédrale, et que chacun doit se conduire comme s'il assistait à une messe éternelle.

— Dans le fait, dit Simon, elle a une étrange influence sur tous ceux qui l'approchent. Ce jeune mon-

6.

tagnard, ce Conachar, dont ma maison est encombrée depuis deux ou trois ans, vous voyez qu'il a tout le caractère de sa nation; eh bien, il obéit au moindre signe de Catherine; il n'y a presque qu'elle dans la maison qui puisse lui inspirer de la docilité. Elle se donne beaucoup de peine pour lui faire perdre ses habitudes montagnardes.

Henry Smith parut mal à l'aise sur sa chaise. Il prit la bouteille, la remit sur la table, et s'écria enfin : — Au diable le jeune chien montagnard et toute sa race! Quel besoin a Catherine d'instruire un pareil drôle? Il en sera de lui comme du jeune loup que j'ai été assez fou pour élever comme un chien. Chacun le croyait apprivoisé; mais, dans un moment malencontreux, étant allé me promener avec lui sur la montagne de Montcrieff, il se jeta sur le troupeau du laird, et il y fit un ravage qui m'aurait coûté cher si le laird n'avait eu besoin d'une armure en ce moment. Et je suis surpris que vous, père Glover, vous qui êtes un homme sensé, vous gardiez ce montagnard — un jeune drôle qui promet, je vous en réponds, — si près de Catherine, comme s'il n'y avait que votre fille qui pût lui servir de maîtresse d'école.

— Fi, mon fils! fi! dit Simon. Te voilà jaloux d'un pauvre diable qui, pour te dire la vérité, n'est ici que parce qu'il pourrait ne pas se trouver si bien de l'autre côté de la montagne.

— Je sais ce que je dis, père Simon, répliqua l'armurier, qui avait toutes les idées étroites des citadins de son temps; et si ce n'était crainte de vous offenser, je dirais que vous vous mettez trop de pair à compagnon avec ces drôles qui vivent sur les montagnes.

— Il faut bien que je me procure quelque part mes cuirs de daim, mes peaux de chevreuil, mon bon Henry; et l'on fait de bons marchés avec ces montagnards.

— Ils y trouvent encore leur compte, car ils ne vendent que ce qu'ils ont volé.

— Fort bien, fort bien; quoi qu'il en soit, ce n'est pas mon affaire de savoir où ils se procurent la bête, pourvu que j'en aie la peau. Mais, comme je te le disais, il y a certaines considérations qui font que je suis charmé d'obliger le père de ce jeune homme en le gardant chez moi. D'ailleurs ce n'est qu'un demi-montagnard, et il n'en a pas tout-à-fait l'esprit indomptable. Après tout, je lui ai rarement vu l'humeur aussi féroce que ce soir.

—Vous ne le pourriez, à moins qu'il ne tuât son homme, dit Smith d'un ton sec.

— Si pourtant vous le désirez, Henry, je mettrai de côté tous autres égards, et j'enverrai le drôle, demain matin, chercher fortune ailleurs.

—Vous devez être bien sûr, père Simon, que Henry Gow ne se soucie pas plus de ce jeune chat de montagnes que d'un charbon de sa forge. Je vous garantis que je m'inquiéterais peu de voir entrer tout son clan dans la ville par Shoegate, en criant *Slogan* (1), et au son de la cornemuse : j'aurais bientôt trouvé cinquante lames et autant de boucliers qui renverraient les maraudeurs plus vite qu'ils ne seraient venus. Mais pour vous dire la vérité, quoique ce soit encore parler en fou, je n'aime pas à voir ce taquin si souvent avec Ca-

---

(1) Cri de guerre des montagnards. — Tr.

therine. Songez, père Glover, que votre métier vous occupe les mains et les yeux, et que vous devez y donner toute votre attention, même quand ce fainéant y travaille, ce qui ne lui arrive pas souvent, comme vous le savez vous-même.

— C'est la vérité. Il coupe tous ses gants pour la main droite; il n'a jamais pu en faire une paire complète.

— En fait de couper la peau, il a sans doute des idées d'un genre un peu différent, dit Henry du même ton sec; mais avec votre permission, père Glover, je voudrais seulement vous dire que, soit qu'il travaille, soit qu'il reste sans rien faire, il n'a pas les yeux de travers; ses mains ne sont ni brûlées par le fer chaud, ni endurcies à force de manier le marteau; ses cheveux ne sont pas rouillés par la fumée, et flambés dans la fournaise, comme le cuir d'un blaireau, plutôt que de ressembler à une chevelure digne d'être couverte d'un bonnet chrétien. Or, que Catherine soit une aussi bonne fille qu'il en a jamais existé, et je soutiens que c'est la meilleure de Perth, cependant elle doit voir et savoir que tout cela établit une différence entre un homme et un autre, et que cette différence n'est pas en ma faveur.

— A ta santé, et de tout mon cœur, mon fils Henry, dit le vieillard en emplissant deux verres, un pour lui et un pour son compagnon. Je vois que, quelque bon forgeron que tu sois, tu ne connais pas le métal dont les femmes sont faites. Il faut que tu sois plus hardi, Henry, et que tu te comportes, non comme si tu marchais au gibet, mais en joyeux jeune homme qui sait ce qu'il vaut, et qui ne supporte pas les mépris de la meilleure des petites-filles d'Eve. Catherine est une femme comme sa mère, et tu te trompes grandement si tu penses que toutes les femmes se laissent prendre par les yeux. Il faut aussi plaire à leurs oreilles, mon garçon. Il faut qu'une femme sache que celui à qui elle accorde la préférence est hardi et décidé, et qu'il pourrait obtenir les bonnes graces d'une vingtaine d'autres, quoiqu'il recherche les siennes. Crois-en un vieillard, les femmes se décident plus souvent par l'opinion des autres que par la leur. Que Catherine demande quel est l'homme le plus résolu de Perth; que lui répondra-t-on? Henry le forgeron; le meilleur armurier qui ait jamais forgé une arme sur l'enclume? Henry Smith; le danseur qui va le plus en mesure autour du mai? le joyeux armurier; celui qui chante les meilleures ballades? Henry Gow; le meilleur lutteur, celui qui manie le mieux le sabre et le bouclier, le roi du bâton à deux bouts, celui qui sait dompter un cheval, et mettre à la raison un montagnard sauvage? c'est encore toi.... toujours toi.... personne que toi.... Et Catherine te préférerait cet avorton de montagnard! fi! Elle ferait tout aussi bien un gantelet d'acier avec une peau de chevreuil. Je te dis que Conachar n'est rien pour elle, si ce n'est qu'elle voudrait le sauver des griffes du diable, qui le regarde comme lui appartenant ainsi que les autres montagnards. Que le ciel la bénisse, la pauvre fille! Elle voudrait ramener le genre humain tout entier à de meilleures pensées, si elle le pouvait.

— Et je réponds qu'elle n'y réussira pas, s'écria Smith, qui, comme le lecteur peut l'avoir remarqué, n'avait pas des dispositions amicales pour la race des montagnards; je gagerais contre Catherine en faveur du diable, que je devrais un peu connaître, puisqu'il travaille dans le même élément que moi. Le diable aura le tartan (1), rien n'est plus sûr.

— Fort bien, mais Catherine a un second que tu ne connais guère. Le père Clément a entrepris le jeune maraudeur; et le père Clément ne craint pas plus une centaine de diables que je n'ai peur d'une troupe d'oies.

— Le père Clément! vous faites toujours quelque nouveau saint dans cette bonne ville de Saint-Johnstoun. Et qui peut être ce dénicheur de diables? Est-ce quelqu'un de vos ermites qui se prépare à faire des miracles, comme un athlète à lutter, et qui s'y dispose à force de jeûnes et de pénitence? N'est-ce pas cela?

— Pas du tout. La merveille, c'est que le père Clément boit, mange et se conduit à peu près comme le reste des hommes, tout en observant strictement les commandemens de l'Église.

— Oh! je comprends, c'est un bon vivant de prêtre, qui pense à vivre joyeusement plutôt qu'à bien vivre, qui vide une cruche de vin la veille du mercredi des Cendres pour se mettre en état de faire face au carême, qui a un agréable *in principio*, et qui confesse toutes les plus jolies femmes de la ville.

— Tu donnes encore à gauche, Smith. Je te dirai que ma fille et moi nous flairerions de bien loin un hypocrite qui serait à jeûn ou bien repu; mais le père Clément n'est ni l'un ni l'autre.

— Mais qu'est-il donc, au nom du ciel?

(1) Étoffe dont les montagnards font leurs manteaux qu'ils appellent plaids. — Tr.

— Un homme qui vaut beaucoup mieux que la moitié des moines de Saint-Johnstoun mis tous ensemble, ou qui est tellement pire que le pire d'entre eux, que c'est une honte et un péché de souffrir qu'il reste dans le pays.

— Il me semble qu'il doit être aisé de dire s'il est l'un ou l'autre.

— Contentez-vous de savoir que, si vous jugez le père Clément par ce que vous le voyez faire et par ce que vous l'entendez dire, vous le regarderez comme l'homme le meilleur et le plus bienfaisant du monde entier, ayant une consolation pour celui qui est dans l'affliction, un conseil pour quiconque est dans l'embarras, le guide le plus sûr du riche, et l'ami le plus zélé du pauvre. Mais si vous écoutez ce qu'en disent les dominicains... Merci du ciel! — ici le gantier fit un signe de croix sur son front et sur sa poitrine; — c'est un infame hérétique, qui devrait passer par les flammes terrestres, pour être précipité dans celles qui ne s'éteindront jamais.

L'armurier fit aussi le signe de la croix, et s'écria: — Sainte Marie! et vous, père Simon, vous qui avez tant de prudence et de circonspection, qu'on vous a surnommé le Sage Gantier de Perth, vous souffrez que votre fille ait pour directeur un homme qui est..... Que tous les saints nous protégent! qui est soupçonné d'être ligué avec le malin esprit lui-même! Quoi! ne fut-ce pas un prêtre qui évoqua le diable dans le Meal-Vennel (1), quand la maison de Hodge Jackson fut renversée par l'ouragan? Et le diable ne parut-il pas au

(1) Dans le voisinage de Perth. — Éd.

milieu du Tay, vêtu d'un scapulaire de prêtre et grenouillant dans l'eau comme un marsouin, le matin que notre beau pont fut emporté?

— Je ne puis dire si cela est vrai ou non ; tout ce que je sais, c'est que je ne l'ai pas vu. Quant à Catherine, on ne peut dire qu'elle ait pour directeur le père Clément, puisque son confesseur est le vieux Francis, dominicain, qui lui a donné l'absolution aujourd'hui. Mais les femmes sont quelquefois volontaires, et il est certain qu'elle tient des consultations avec le père Clément plus souvent que je ne le voudrais. Et cependant, moi-même, toutes les fois que je lui ai parlé, il m'a paru si vertueux et si saint, que je lui aurais volontiers confié le salut de mon ame. Il court de mauvais bruits sur lui chez les dominicains, c'est une chose sûre. Mais en quoi cela nous regarde-t-il, nous autres laïques, mon fils? Payons à notre Sainte Mère l'Église ce qui lui est dû, faisons des aumônes, confessons-nous, exécutons les pénitences qui nous sont imposées, et les saints nous tireront d'affaire.

— Sans doute; et ils auront quelque indulgence pour un malheureux coup qu'un homme peut avoir l'indiscrétion de porter en se battant, quand son adversaire est debout devant lui et en posture de défense; et voilà la seule profession de foi avec laquelle un homme puisse vivre en Écosse, que votre fille en pense ce qu'elle voudra. Morbleu! il faut qu'un homme connaisse l'escrime, ou sa vie n'est qu'un bail à court terme, dans un pays où les coups tombent si dru. Cinq nobles (1) m'ont tiré d'affaire pour le meilleur homme à l'égard duquel il m'est arrivé malheur.

(1) Pièce d'or ainsi nommée. — Tr.

— Finissons donc notre flacon, car la cloche de la tour des Dominicains vient de sonner minuit. Et écoute-moi, mon fils Henry ; sois au point du jour devant la fenêtre de cette maison qui donne du côté du levant, et fais-moi savoir que tu es arrivé en sifflant doucement l'appel du forgeron. Je m'arrangerai de manière à ce que Catherine mette la tête à la croisée ; par ce moyen tu obtiendras pour le reste de l'année tous les privilèges d'un galant Valentin. Si tu ne sais pas en profiter, je serai porté à croire que, quoique tu sois couvert de la peau du lion, la nature t'a laissé les longues oreilles de l'âne.

— Amen, mon père, répondit l'armurier ; je vous souhaite une bonne nuit, et que Dieu répande ses bénédictions sur votre toit, et sur tous ceux qu'il couvre. Vous entendrez siffler l'appel du forgeron au premier chant du coq ; je vous garantis même que je ferai honte de sa paresse à sire Chanteclair (1).

A ces mots, il prit congé du gantier ; et quoique inaccessible à la crainte, il traversa les rues désertes en homme qui se tient sur ses gardes, et arriva enfin à sa demeure, qui était située dans le Mill Wynd (2), à l'extrémité occidentale de Perth.

---

(1) Sobriquet donné au coq dans les vieilles poésies — Tr.

(2) *Ruelle du Moulin : Wynd* est le mot écossais synonyme de *lane* ou *alley* en anglais : c'est du lieu où il habitait que Henry est appelé dans les chroniques *Henry of the Wynd*, Henry de la Ruelle, ou par abréviation Henry Wynd. — Éd.

CHAPITRE IV.

On peut bien croire que l'intrépide armurier fut exact au rendez-vous que lui avait donné celui qui avait dessein de devenir son beau-père. Il fit pourtant sa toilette avec plus de soin que de coutume, écartant, autant qu'il le pouvait, tout ce qui semblait avoir un air militaire. Il était trop connu pour aller entièrement sans armes dans une ville où il comptait sans doute beaucoup d'amis, mais où, d'après le caractère de ses anciens exploits, il avait aussi des ennemis mortels, de qui il savait qu'il avait peu de merci à attendre, s'ils trouvaient occasion de l'attaquer avec avantage. Il portait donc sous ses vêtemens une cotte de mailles si légère et si flexible, qu'elle ne le gênait pas plus dans ses mouvemens qu'un gilet de dessous de notre temps; mais elle était à l'épreuve, et il y pouvait compter, car chaque anneau en avait été travaillé et joint aux autres de ses propres mains. Par-dessus cette armure défensive, il portait, comme les autres bourgeois de son âge, les hauts-de-chausses et le pourpoint flamand, qui, en honneur du jour de fête, étaient du plus beau drap d'Angleterre, d'un bleu pâle, tailladé en satin noir, et passementé d'une broderie en soie noire. Ses bottes étaient de cuir de Cordoue, et son manteau, de bon drap gris d'Écosse, servait à cacher un couteau de chasse suspendu à sa ceinture. C'était sa seule arme offensive, car il n'avait en main qu'un bâton de houx. Sa toque de velours noir était doublée d'acier, et rembourrée entre le métal et sa tête, ce qui formait un nouveau moyen de défense de l'efficacité duquel il était sûr.

Au total, Henry paraissait, ce qu'il était réellement, un riche bourgeois méritant la considération, et se donnant, par ses vêtemens, autant d'importance qu'il le pouvait, sans s'élever au-dessus de son rang, et sans empiéter sur celui de la noblesse. Il avait une tournure franche et résolue; mais quoique ses manières annonçassent qu'il ne craignait aucun danger, elles n'avaient nulle ressemblance à celles des spadassins et fiers-à-bras de cette époque, avec lesquels on avait quelquefois l'injustice de confondre Henry, parce qu'on attribuait les querelles qu'il avait souvent à un caractère violent, résultat de sa confiance dans sa force et dans son adresse à manier les armes. Au contraire, tous ses traits portaient l'expression de franchise et de bonne humeur d'un homme qui ne songeait à insulter personne, et qui ne craignait pas les insultes.

S'étant costumé de son mieux, l'honnête armurier plaça sur son cœur, qui tressaillit en y touchant, un petit présent qu'il avait préparé depuis long-temps pour Catherine Glover, présent que sa qualité de Valentin lui permettrait bientôt de lui présenter, et autoriserait également la Jolie Fille de Perth à accepter sans scrupule. C'était un petit rubis, taillé en forme de cœur percé d'une flèche d'or, et enfermé dans une petite bourse en anneaux d'acier, travaillée avec le même soin que si c'eût été un haubert pour un roi. Autour de la bourse étaient ces mots :

« Le dard de l'amour perce les cœurs à travers les cottes de mailles. »

Cette devise avait coûté quelques réflexions à l'armurier, et il était satisfait de la pensée qu'il avait trouvée, parce qu'elle semblait indiquer que son art pouvait défendre tous les cœurs, excepté le sien. Il s'enveloppa de son manteau, et traversa à la hâte les rues encore silencieuses, afin de se trouver devant la fenêtre qui lui avait été indiquée, un peu avant le premier rayon de l'aurore.

Dans ce dessein, il traversa High-Street, et prenant le passage sur l'emplacement duquel se trouve aujourd'hui l'église de Saint-Jean, afin de se rendre dans Curfew-Street, il lui parut, d'après l'apparence du ciel, qu'il était parti au moins une heure trop tôt, et il pensa qu'il vaudrait mieux n'arriver au rendez-vous qui lui avait été donné, que lorsque le moment convenu serait plus voisin. Il n'était pas invraisemblable que d'autres galans rôdassent comme lui dans les environs de la demeure de la Jolie Fille de Perth, et il connaissait assez bien son faible pour sentir qu'il courait grand risque d'avoir quelque querelle avec eux.

—L'amitié de mon père Simon, pensa-t-il, me donne l'avantage sur eux ; pourquoi donc me teindrais-je les mains du sang de pauvres diables qui ne méritent pas ma colère, puisqu'ils sont moins heureux que moi? Non, non, je serai sage pour cette fois, et j'éloignerai toute tentation de mettre les armes à la main. Je ne leur laisserai pas, pour me chercher querelle, plus de temps qu'il ne m'en faudra pour donner le signal convenu, et pour que mon père Simon y réponde. Je ne conçois pas comment il viendra à bout de faire paraître sa fille à la croisée. Si elle savait quel est son dessein, je crois qu'il aurait quelque peine à l'exécuter.

Tandis que ces pensées, dignes d'un amant, roulaient dans son esprit, le robuste armurier ralentit le pas, jetant souvent un regard du côté de l'orient, et levant les yeux vers le firmament, où pas la moindre teinte grisâtre n'annonçait encore l'approche de l'aurore, quoique peu éloignée, et que l'impatience de Henry accusait d'être plus paresseuse que de coutume à occuper son poste avancé. Il marchait à pas lents le long des murs de la chapelle de Sainte-Anne, n'oubliant pas de faire un signe de croix et de dire un *Ave* en passant sur ce terrain consacré, quand une voix qui semblait partir de derrière un des arcs-boutans de la chapelle, s'écria : — Il ne fait que ramper, celui qui devrait courir.

— Qui parle? s'écria Smith en regardant autour de lui, un peu surpris qu'on lui adressât la parole si inopinément, et avec un ton et des expressions si singulières.

— N'importe qui parle, répondit la même voix, dépêche-toi, ou tu arriveras trop tard. Ne me réponds point; pars.

— Saint ou pécheur, ange ou diable, dit Henry en faisant le signe de la croix, votre avis me touche de trop près pour que je le néglige. Que saint Valentin me donne des jambes!

A ces mots, quittant sa marche lente pour prendre un pas que peu de gens auraient pu suivre, il fut en un instant dans Curfew-Street. Il n'avait pas fait trois pas du côté de la maison de Simon Glover, qui était vers le milieu de cette rue étroite, que deux hommes, placés le long du mur de chaque côté, avancèrent vers lui comme par un mouvement concerté, pour l'empêcher de passer. L'obscurité lui permit seulement de distinguer qu'ils portaient le plaid des montagnards.

— Dégagez le chemin, brigands! s'écria l'armurier d'une voix forte et ferme digne de l'ampleur de sa poitrine.

Ils ne répondirent pas, du moins de manière à se faire entendre; mais Henry put voir qu'ils tiraient leurs épées dans le dessein d'employer la force pour l'empêcher de passer. Se livrant à des conjectures alarmantes, quoique sans savoir ce qu'il devait craindre, Smith résolut de s'ouvrir un passage à tous risques, et d'aller défendre sa maîtresse, ou du moins mourir à ses pieds. Il jeta son manteau sur son bras pour s'en faire une espèce de bouclier, et s'avança avec autant de hardiesse que de promptitude vers ces deux hommes. Celui dont il était le plus proche lui porta un coup d'épée qu'il reçut dans son manteau; Henry, lui ripostant par un coup de poing sur la figure du bras gauche et un croc-en-jambe du pied droit, le fit tomber rudement sur la chaussée, tandis que presque au même instant, d'un revers de son couteau de chasse, il renversa celui qui était à sa droite, à côté de son compagnon.

Plus alarmé que jamais, et il avait quelque raison de l'être, en trouvant la rue gardée par des étrangers qui commettaient de tels actes de violence, Henry courut rapidement en avant. Il entendit parler à voix basse sous une croisée de la maison du gantier, précisément sous celle où il avait espéré voir Catherine, et acquérir le droit de devenir son Valentin. Il se tint de l'autre côté de la rue pour tâcher de reconnaître le nombre et les projets de ceux qui s'y trouvaient. Mais un de ceux qui étaient sous la fenêtre l'ayant vu ou entendu traverser la rue, et le prenant sans doute pour une des deux sentinelles, il lui dit à demi-voix. — Quel est donc ce bruit, Kenneth ? Pourquoi n'avez-vous pas donné le signal.

—Scélérat! s'écria Smith, vous êtes découvert, et vous allez périr!

Tout en parlant ainsi, il lui porta un coup de couteau de chasse qui aurait vérifié sa prédiction, si l'étranger, levant le bras, n'y eût reçu le coup qui était destiné à sa tête. La blessure dut être sérieuse, car il chancela, et tomba en poussant un profond gémissement. Sans penser davantage à lui, Smith courut à la hâte vers un groupe d'hommes qui semblaient occupés à placer une échelle contre la croisée. Henry ne songea plus alors à en compter le nombre, ni à s'assurer de leurs desseins. Poussant le cri d'alarme d'usage, pour rassembler les bourgeois qui ne manquaient jamais d'accourir dès qu'ils l'entendaient, il se jeta sur ces ces rôdeurs nocturnes, dont l'un montait déjà sur l'échelle. Il la saisit par les échelons d'en bas, la renversa, et plaçant le pied sur le corps de l'homme qui venait de tomber, il l'empêcha de se relever. Les autres l'attaquèrent vivement pour délivrer leur compagnon. Mais la cotte de mailles de Smith lui fut d'une grande utilité; et il leur rendit leurs coups avec usure, en s'écriant : Au secours! Saint-Johnstoun! Au secours! Sabrez et piquez! Braves citoyens, sabrez et piquez! On force nos maisons à l'ombre de la nuit!

Ces mots, qui retentirent bien loin dans les rues de la ville, étaient accompagnés de coups distribués par un bras ferme, et qui produisaient quelque effet sur ceux que l'armurier attaquait. Pendant ce temps les habitans commencèrent à s'éveiller, et à se montrer dans la rue en chemises, mais avec des sabres et des boucliers, et quelques-uns portant des torches. Les inconnus cherchèrent alors à s'échapper, et ils y réussirent, à l'exception de celui qui avait été renversé avec l'échelle. L'intrépide armurier l'avait saisi à la gorge à l'instant où il s'était relevé, et il le tenait aussi ferme qu'un levrier tient un lièvre. Ceux qu'il avait blessés furent emportés par leurs compagnons.

— Voilà des drôles qui troublent la paix de notre ville, dit Henry aux bourgeois qui commençaient à se rassembler. Courez après les pendards; ils ne peuvent aller bien vite, car il y en a quelques-uns dont ma lame a entamé la peau. Poursuivez-les, les traces de sang vous indiqueront leur marche.

— Quelques maraudeurs montagnards, dit un citoyen; allons, voisins, donnons-leur la chasse.

— Oui, donnez-leur la chasse, dit l'armurier; et moi j'aurai soin du coquin que voici.

Les bourgeois se dispersèrent de différens côtés, éclairés par leurs torches, et faisant retentir de leurs cris tous les environs.

Cependant le prisonnier de Henry cherchait à obtenir sa liberté, et il employait tour à tour les prières, les promesses et les menaces.

— Si vous êtes un gentilhomme, dit-il à Henry, permettez que je me retire, et ce que vous avez fait vous sera pardonné.

— Je ne suis pas gentilhomme, je suis Henry le Forgeron, bourgeois de Perth; et je n'ai rien fait qui ait besoin de pardon.

— Vilain! tu ne sais pas ce que tu as fait! Mais lâche-moi, et je remplirai ton bonnet de pièces d'or.

— Le tien sera rempli à l'instant d'une tête fendue, si tu fais un seul mouvement pour t'échapper.

— De quoi s'agit-il donc, mon fils Henry? demanda Simon, qui parut en ce moment à la fenêtre. J'ai entendu ta voix, mais sur un autre ton que je m'y attendais. Pourquoi tous les voisins se sont-ils rassemblés?

— Parce qu'une bande de coquins a voulu escalader cette croisée, père Simon. Mais il est probable que je serai parrain de l'un d'eux, que je tiens ici aussi serré qu'aucun écrou tint jamais une vis.

— Écoutez-moi, Simon Glover, dit le prisonnier; que je vous dise un mot en particulier. Délivrez-moi des mains de ce manant à tête de plomb et à poing de fer, et je vous prouverai qu'on ne voulait nuire ni à vous, ni à aucun des vôtres. Je vous dirai en outre quelque chose qui sera à votre avantage.

— Je crois connaître cette voix, dit Simon, qui ouvrit sa porte en ce moment, tenant en main une lanterne sourde. Mon fils Smith, laisse ce jeune homme venir me parler; il n'y a nul danger à craindre de lui, reste un instant où tu es, et ne laisse entrer personne dans la maison, soit pour attaquer, soit pour défendre. Je garantis que ce jeune gaillard n'a voulu faire qu'une plaisanterie de la Saint-Valentin.

A ces mots, le vieillard emmena le prisonnier, et ferma sa porte, laissant Henry un peu surpris du jour inattendu sous lequel le gantier considérait cette affaire-là. Une plaisanterie! répéta-t-il; c'eût été une plaisanterie bien étrange, s'ils fussent entrés dans la chambre à coucher de sa fille! Et ils y seraient entrés sans la voix honnête et amicale qui m'a averti derrière un arc-boutant de la chapelle. Cette voix, si ce n'était pas celle de la bienheureuse sainte Anne, et qui suis-je pour qu'elle daigne m'adresser la parole? n'a pu se faire entendre en ce lieu sans sa permission et son consentement, et je fais le vœu de lui offrir un cierge aussi long que mon couteau de chasse. Ah! que n'ai-je eu ma grande claymore, pour l'amour de Saint-Johnstoun, et par égard pour ces coquins! car ces couteaux de chasse sont des joujoux assez gentils, mais qui conviennent mieux à la main d'un enfant qu'à celle d'un homme. O mon fidèle Troyen! si tu eusses été à mon côté, au lieu d'être suspendu près du chevet de mon lit, les jambes de ces drôles n'auraient pas couru si vite. Mais je vois des torches allumées et des lames nues. Holà! halte-là, vous autres! Êtes-vous pour Saint-Johnstoun? Si vous êtes amis de la belle ville, avancez, vous êtes les bien-venus.

— Nous avons été à la chasse sans prendre de gibier, dit un des bourgeois. Nous avons suivi les traces du sang jusqu'au cimetière des dominicains, et nous avons vu entre les tombeaux deux coquins qui en soutenaient un troisième, qui probablement portait quelques-unes de vos marques, Henry; mais ils sont arrivés à la poterne avant que nous eussions pu les joindre. Ils ont sonné la cloche du sanctuaire, la porte s'est ouverte, et ils y sont entrés. Ainsi les voilà en sûreté dans le sanctuaire, et nous pouvons retourner dans nos lits froids pour tâcher de nous réchauffer.

— Oui, oui, dit un second, les bons dominicains ont toujours un frère qui veille pour ouvrir la porte du sanctuaire à toute pauvre ame en peine qui désire y trouver un refuge.

— Pourvu que la pauvre ame en peine soit en état de bien payer, ajouta un troisième. Mais celui qui est aussi pauvre de bourse que d'esprit peut rester à la porte jusqu'à ce que les chiens qui le chassent soient à portée de le mordre.

Un quatrième, qui avait regardé par terre quelques instans à l'aide de sa torche, se releva pour parler. C'était un petit homme, chargé d'assez d'embonpoint, vif, avantageux, et jouissant d'une certaine aisance, nommé Olivier Proudfute. Il tenait le dé dans sa corporation, qui était celle des bonnetiers, et par conséquent il parlait du ton d'un homme en autorité. — Brave Smith, dit-il (car les torches répandaient assez de lumière pour qu'ils pussent se reconnaître), peux-tu nous dire quels sont les drôles qui ont causé un pareil désordre dans notre ville?

— Les deux premiers que j'ai vus, répondit l'armurier, m'ont paru, autant que j'ai pu en douter, porter le plaid des montagnards.

— C'est assez probable, dit un bourgeois en secouant la tête. C'est une honte que les brèches de nos murs n'aient pas encore été réparées, et que ces brigands de montagnards puissent obliger d'honnêtes gens à sortir de leurs lits quand la nuit est assez obscure au gré de ces maraudeurs.

— Mais voyez ceci, voisins, dit Olivier Proudfute en leur montrant une main qu'il venait de ramasser. Quand est-ce qu'une main comme celle-ci a attaché les braies d'un montagnard? Elle est grande et vigoureuse, mais la peau en est fine et blanche comme celle d'une dame ; et voyez-vous à ce doigt une bague qui brille comme la lueur d'une chandelle? Je me trompe fort, si Simon Glover n'a pas fait bien des gants pour cette main, car il a la pratique de tous les courtisans. Les spectateurs examinèrent cette preuve sanglante des exploits de l'armurier, et chacun fit ses commentaires à ce sujet.

— En ce cas, dit l'un, Henry Smith fera bien de gagner au pied. Il aura beau dire qu'il a voulu protéger la maison du bourgeois, le justicier ne trouvera pas cette excuse suffisante pour avoir coupé la main d'un homme comme il faut. Il y a des lois sévères contre la mutilation.

— Fi! Michel Wabster! fi! répondit le marchand bonnetier; pouvez-vous parler ainsi? Ne sommes-nous pas les représentans et les successeurs des anciens Romains qui ont bâti la cité de Perth, et qui l'ont rendue aussi semblable qu'ils l'ont pu à leur propre ville? N'avons-nous pas des chartes de tous nos nobles rois, qui nous ont déclarés leurs sujets affectionnés? Voudriez-vous nous voir renoncer à nos droits, à nos privilèges, à nos immunités, à notre haute, moyenne et basse justice, à notre droit de prononcer amendes, confiscations, emprisonnement, et même peine de mort, en cas de flagrant délit? Faut-il que nous souffrions que la maison d'un honnête bourgeois soit attaquée sans en avoir réparation? Non, braves citoyens, confrères et bourgeois; le Tay remontera vers Dunkeld avant que nous nous soumettions à une telle injustice.

— Et comment pouvons-nous l'empêcher? demanda un vieillard à figure grave, qui était appuyé sur une épée à deux mains; que voudriez-vous que nous fissions ?

— Sur ma foi, bailli Craigdallie, répondit Proudfute, vous êtes le dernier homme de qui j'aurais attendu cette question. Je voudrais que nous partissions d'ici tous ensemble, en braves gens, pour aller nous présenter devant le roi, au risque de troubler son repos; lui faire sentir combien il est désagréable pour nous d'être forcés à quitter nos lits pendant une pareille saison, presque sans autre vêtement que nos chemises; lui montrer cette main sanglante, et le prier de nous déclarer de sa bouche royale s'il est juste et honnête que ses sujets affectionnés soient ainsi traités par les nobles et les chevaliers de sa cour débauchée. Et voilà ce que j'appelle faire valoir notre cause chaudement.

— Chaudement, dis-tu? répliqua le vieux bailli; si chaudement, ma foi, que nous serions tous morts de froid avant que le portier eût tourné la clef dans la serrure pour nous admettre en présence du roi. Allons, mes amis, la nuit est piquante; nous avons fait notre devoir en gens de bien, et notre brave Smith a donné à ceux qui voudraient nous insulter une leçon qui vaudra vingt proclamations du roi. Demain est un autre jour; nous nous réunirons en ce même lieu, afin d'y délibérer sur les mesures à prendre pour découvrir ces scélérats et les faire arrêter. En attendant, séparons-nous avant que notre sang se glace dans nos veines.

— Bravo ! bravo ! voisin Craigdallie, cria-t-on de toutes parts ; vive à jamais saint Johnstoun !

Olivier Proudfute aurait volontiers répliqué, car c'était un de ces orateurs sans pitié, qui s'imaginent que leur éloquence peut braver tous les inconvéniens de temps, de lieu et de circonstances. Mais personne ne voulut l'écouter, et les bourgeois se séparèrent pour regagner chacun leur logis, éclairés par le premier rayon de l'aurore, qui commençait à tracer des sillons lumineux sur l'horizon.

A peine étaient-ils partis, que le vieux Glover ouvrit la porte de sa maison, et prenant Smith par le bras, il l'y fit entrer.

— Où est le prisonnier ? demanda l'armurier.

— Parti, échappé, sauvé, que sais-je ? répondit Simon ; il s'est enfui par la porte de derrière, et a traversé le petit jardin. Ne songe pas à lui, mais viens voir la Valentine dont tu as garanti ce matin l'honneur et la vie.

— Donnez-moi le temps de rengaîner mon couteau de chasse, et de me laver les mains, dit Smith.

— Il n'y a pas un moment à perdre, s'écria Glover ; elle est levée, et presque habillée. — Suis-moi. Je veux qu'elle te voie, ta bonne arme à la main, et le bras couvert du sang de ces misérables, afin qu'elle sache apprécier ce que vaut un homme de cœur. Elle m'a fermé la bouche trop long-temps par sa pruderie et ses scrupules ; je prétends qu'elle apprenne à connaître le prix de l'amour d'un brave homme et d'un hardi bourgeois.

CHAPITRE V.

Éveillée en sursaut par le bruit, la Jolie Fille de Perth avait écouté avec terreur, et osant à peine respirer, le tumulte et les cris qu'elle entendait dans la rue. Elle s'était jetée à genoux pour implorer le secours du ciel; et quand elle reconnut les voix de voisins et d'amis réunis pour la protéger, elle resta dans la même attitude pour rendre grace à la Providence. Elle était encore agenouillée quand son père poussa son champion dans sa chambre; car Henry Smith s'était arrêté à la porte, d'abord par timidité, de crainte d'offenser sa maîtresse, et ensuite par respect pour sa dévotion.

— Père Simon, dit l'armurier, elle prie. Je n'oserais pas plus lui parler qu'à un évêque quand il dit la messe.

— Fais ce que tu voudras, vaillant et courageux imbécile, lui répondit Glover. Et s'adressant à Catherine : — Ma fille, lui dit-il, la meilleure manière de rendre grace au ciel, c'est de montrer notre reconnaissance à nos semblables. Voici l'instrument par le moyen duquel

Dieu t'a préservée de la mort, ou du déshonneur encore pire que la mort. Reçois-le, Catherine, comme ton fidèle Valentin; comme celui que je désire appeler véritablement mon fils.

— Non pas ainsi, mon père, répondit Catherine; je ne puis voir personne en ce moment, je ne puis parler à personne. Je ne suis pas ingrate; je n'ai peut-être que trop de reconnaissance pour celui à qui nous devons notre sûreté; mais laissez-moi rendre grace à l'ange gardien qui m'a envoyé ce secours si à propos, et donnez-moi un instant pour achever ma toilette.

— Sur ma foi, Kate, il serait bien dur de te refuser la demande que tu me fais, qu'on te laisse le temps de faire ta toilette; car, depuis dix jours, c'est la première fois que je t'ai entendue parler en femme. — En vérité, Henry, je voudrais que ma fille attendît, pour être tout-à-fait sainte, le moment où on la canonisera sous le nom de sainte Catherine II.

— Ne plaisantez pas, père Simon; car je vous jure qu'elle a déjà tout au moins un sincère adorateur, un homme qui s'est voué à son service autant que le peut faire un faible pécheur. — Adieu donc, quant à présent, belle Catherine; puisse le ciel vous envoyer des songes aussi paisibles que vos pensées de la journée. Je veillerai sur vous pendant votre repos, et malheur à celui qui oserait l'interrompre!

— Bon et brave Henry, dit Catherine, vous dont l'excellent cœur forme un tel contraste avec votre main cruelle, ne cherchez pas cette nuit quelque nouvelle querelle; mais recevez mes plus tendres remerciemens, et tâchez d'avoir des pensées aussi paisibles que celles que vous me supposez. Nous nous reverrons ce matin, afin que je puisse vous assurer de ma reconnaissance. Adieu !

— Adieu, vous qui êtes la maîtresse et la lumière de mon cœur, dit l'armurier ; et descendant l'escalier qui conduisait à l'appartement de Catherine, il allait sortir de la maison, quand Glover le retint par le bras..

— Grace au tumulte de cette nuit, le cliquetis de l'acier va me plaire plus que je n'aurais jamais cru, mon fils Henry, s'il rend le bon sens à ma fille, et s'il lui apprend ce que tu vaux. Par saint Macgrider ! ces tapageurs eux-mêmes ne me déplaisent pas, et je plains de tout mon cœur ce pauvre amant qui ne tiendra plus un bouclier de la main gauche. Oui, il a perdu ce dont il sentira la perte tous les jours de sa vie, et surtout quand il voudra mettre ses gants. Ce ne sera plus qu'une demi-pratique pour ma profession. — Non, non, tu ne sortiras pas de cette maison cette nuit ; il ne faut pas que tu nous abandonnes, mon fils.

— Je suis bien loin d'y penser. Avec votre permission, je veillerai sur vous dans la rue. L'attaque peut se renouveler.

— Et quand cela serait, tu en aurais plus de facilité pour repousser ces pendards, ayant l'avantage d'être dans la maison. La manière de combattre qui nous convient le mieux à nous autres bourgeois, c'est de faire résistance à l'abri de nos murailles. Notre devoir de veiller à la sûreté publique nous apprend cette tactique. D'ailleurs il y a maintenant assez d'oreilles aux écoutes et d'yeux ouverts pour nous assurer la paix et la tranquillité jusqu'au matin. — Suis-moi par ici.

A ces mots, il conduisit Henry, qui ne se fit pas prier beaucoup, dans le même appartement où ils avaient soupé, et où la vieille Dorothée, dont le sommeil avait été également troublé par la scène bruyante qui venait d'avoir lieu, eut bientôt rallumé le feu.

— Et maintenant, mon valeureux fils, dit le gantier, dis-moi quel vin tu veux, pour boire à la santé de ton père ?

Henry Smith s'était laissé tomber machinalement sur une chaise de vieux chêne noir, et il avait les yeux fixés sur le feu, qui réfléchissait une teinte rougeâtre sur ses traits mâles. Il se dit à lui-même à demi-voix : — *Bon* Henry, *brave* Henry ! — Ah ! si elle avait dit *cher* Henry !

— Je ne connais pas ces sortes de vins, dit le vieux Glover en riant; il ne s'en trouve pas dans ma cave. Mais si tu veux du vin des Canaries, du Rhin, ou de Gascogne, tu n'as qu'à dire un mot, et le flacon arrivera. Voilà tout.

— *Ses plus tendres remerciemens !* dit l'armurier, continuant les mêmes réflexions, elle ne m'en avait jamais dit autant. *Ses plus tendres remerciemens !* à quoi cela ne pourrait-il pas s'étendre ?

— Cela s'étendra comme une peau de chevreau, mon garçon, dit le gantier, si tu veux te laisser conduire. Mais dis-moi ce que tu préfères pour ton coup du matin.

— Tout ce que vous voudrez, mon père, répondit Smith nonchalamment; et il continua son analyse du discours de Catherine. *Un excellent cœur !* a-t-elle dit; mais elle a parlé aussi de ma *main cruelle !* Et que faut-il donc que je fasse pour me guérir de cette démangeaison de me battre ? Certainement ce que je pourrais faire de mieux ce serait de me couper la main droite, et de la clouer à la porte d'une église, afin qu'elle ne m'attirât plus de reproches.

— Tu as coupé assez de mains pour une nuit, dit Simon en plaçant un flacon de vin sur la table. — Pourquoi te tourmenter ainsi? Elle t'aimerait une fois plus, si elle ne voyait pas que tu raffoles d'elle; mais cela devient sérieux à présent. Je ne me soucie pas de courir le risque de voir les enragés coupe-jarrets qui sont au service des nobles forcer ma boutique et piller ma maison, parce qu'on trouve bon de l'appeler la Jolie Fille de Perth. Non. Elle saura que je suis son père, et que je veux qu'elle ait pour moi cette obéissance à laquelle la loi de l'Évangile me donne droit. Je prétends qu'elle soit ta femme, Henry, mon cœur d'or;... ta femme, mon homme de métal, et cela avant qu'il se passe beaucoup de semaines. Allons! allons! à tes joyeuses noces, brave Smith!

Simon prit une grande coupe, la vida, et la remplissant de nouveau, la présenta à l'armurier, qui la leva lentement vers sa bouche; mais avant qu'elle eût touché ses lèvres, il la replaça sur la table en secouant la tête.

— Si tu ne veux pas faire raison à une telle santé, je ne sais à qui je dois m'adresser, dit Simon. A quoi penses-tu donc, jeune fou? Ta bonne fortune vient de la placer en quelque sorte en ton pouvoir, car, d'un bout de la ville à l'autre, tout le monde crierait fi contre elle si elle te disait non; moi, qui suis son père, non-seulement je consens à tailler ce mariage, mais je veux vous unir ensemble aussi étroitement que jamais aiguille a uni deux morceaux de peau de daim; et avec tout cela en ta faveur, fortune, père, etc., tu as l'air de l'amant désespéré d'une ballade, et tu sembles plus disposé à te jeter dans le Tay qu'à faire la cour à une jeune fille que tu peux avoir sans autre peine que de la demander, si tu sais seulement choisir le bon moment.

— Oui, mais ce bon moment, père Simon ! Je doute que Catherine en ait jamais eu un semblable à donner à la terre et à ceux qui l'habitent, et qu'elle veuille jamais écouter un artisan grossier et ignorant comme moi. Je ne sais comment cela se fait ; partout ailleurs je puis lever la tête aussi bien qu'un autre, mais auprès de votre sainte fille, je n'ai ni cœur ni courage, et je ne puis m'empêcher de penser que ce serait comme si je volais dans une église, que de parvenir à surprendre son affection. Ses pensées s'élèvent trop vers le ciel, pour qu'elle les fasse tomber sur un être tel que moi.

— Comme il vous plaira, Henry Smith. Ma fille ne vous fait pas la cour ;... je ne vous prie pas de l'accepter ;... une belle offre n'est pas une cause de querelle ;... seulement, si vous vous imaginez que je donnerai dans ses folles idées de couvent, vous vous trompez du tout au tout. J'aime et j'honore l'Église, je paie consciencieusement et volontiers tout ce qui lui est dû : dîmes, aumônes, vin et cire. Je paie tout cela, dis-je, aussi volontiers qu'aucun bourgeois de Perth ; mais je ne puis donner à l'Église l'unique brebis que j'aie au monde. Sa mère m'était bien chère tant qu'elle a été sur la terre; maintenant c'est un ange dans le ciel ; Catherine est tout ce qui me reste pour me rappeler ce que j'ai perdu ; et si jamais elle entre dans un cloître, ce sera quand les yeux de son vieux père seront fermés pour toujours, et non auparavant. Mais quant à vous, mon ami Gow, vous pouvez faire ce qu'il vous plaira. Je n'ai nulle envie de vous faire épouser ma fille de force, je vous en réponds.

— Maintenant voilà que vous battez le fer deux fois, père Simon ; c'est toujours ainsi que nous en finissons. Vous prenez de l'humeur contre moi parce que je ne fais pas ce qui me rendrait l'homme le plus heureux du monde, si cela était en mon pouvoir. S'il coule dans mon cœur une seule goutte de sang qui n'appartienne pas à votre fille plus qu'à moi-même, je veux qu'on y enfonce en ce moment le poignard le plus acéré que j'aie jamais forgé. Mais que voulez-vous ? Puis-je avoir pour elle moins d'estime qu'elle n'en mérite, ou m'en faire trop accroire à moi-même ? Ce qui vous paraît si simple et si facile, est aussi malaisé pour moi qu'il le serait de faire un haubert d'acier avec de la filasse. — Mais à votre santé, mon père, continua Smith d'un ton plus enjoué, et à celle de ma belle sainte et de ma Valentine, comme j'espère que votre fille le sera cette année. Et que je ne vous empêche pas plus long-temps de reposer votre tête sur votre oreiller ; allez tenir conseil avec votre lit de plumes jusqu'à ce qu'il fasse grand jour ; après quoi vous me conduirez à la porte de la chambre de votre fille ; vous lui demanderez pour moi la permission d'entrer pour lui souhaiter le bon jour, et je serai l'homme le plus heureux que le soleil aura éveillé dans la ville, ou bien loin à la ronde.

— L'avis n'est pas mauvais, mon fils, répondit l'honnête Glover, mais toi, que vas-tu devenir ? Veux-tu prendre la moitié de mon lit, ou partager celui de Conachar ?

— Ni l'un ni l'autre, répondit Henry ; je ne ferais que vous empêcher de dormir. Ce fauteuil me vaudra un lit de duvet, et je me coucherai comme une sentinelle, mes armes à côté de moi.

Et en parlant ainsi il porta la main sur son couteau de chasse.

— Fasse le ciel que nous n'ayons plus besoin d'armes! dit Simon ; bonne nuit, ou pour mieux dire, bon jour, jusqu'à ce que le soleil se montre ; et le premier éveillé appellera l'autre.

Ainsi se séparèrent les deux bourgeois. Le gantier alla se mettre au lit, et l'on peut supposer qu'il y trouva le sommeil. L'amant ne fut pas si heureux ; son corps robuste supporta aisément la fatigue qu'il avait éprouvée pendant le cours de cette nuit, mais son esprit était d'une trempe plus délicate. Sous un point de vue, Henry Smith n'était que le bourgeois résolu de cette époque, fier de savoir également bien fabriquer des armes et s'en servir ; sa jalousie contre ses rivaux dans sa profession, sa force personnelle, ses connaissances en escrime, l'avaient entraîné dans bien des querelles, qui l'avaient fait craindre généralement, et qui lui avaient même attiré quelques ennemis. Mais il joignait à ces qualités la bonté et la simplicité d'un enfant, et en même temps un caractère plein d'imagination et d'enthousiasme, qui semblait peu d'accord avec ses travaux dans sa forge, et avec ses combats si fréquens. L'ardeur et l'impétuosité qu'il avait puisées dans de vieilles ballades et dans les romans en vers, qui étaient la seule source de ses connaissances, l'avaient peut-être excité en partie à quelques-uns de ses exploits, qui avaient souvent pour lui un air de chevalerie. Du moins il était certain que son amour pour la belle Catherine avait une délicatesse qui aurait pu convenir à cet écuyer de bas degré, qui, s'il en faut croire la ballade, fut honoré des soupirs de la fille du roi de Hongrie. Ses sentimens pour elle étaient certainement aussi exaltés que s'ils avaient eu pour objet un ange véritable. Aussi le vieux Simon, et tous ceux qui observaient sa conduite, pensaient-ils que sa passion était d'un genre trop élevé pour pouvoir réussir auprès d'une jeune fille formée du même limon que les autres mortels. Ils se trompaient pourtant. Catherine, avec toute sa réserve et sa retenue, avait un cœur en état de comprendre et de sentir l'amour de l'armurier ; et soit qu'il lui fût possible d'y répondre ou non, elle était secrètement aussi fière de l'attachement du redouté Henry Gow, ou Smith, qu'on peut supposer qu'une héroïne de roman le serait d'un lion apprivoisé qui la suivrait pour la protéger et la défendre. Ce fut avec la plus sincère reconnaissance qu'elle se rappela, en s'éveillant au point du jour, les services de Henry pendant cette nuit agitée ; et la première pensée qui l'occupa fut de songer aux moyens de lui faire connaître les sentimens qui l'animaient.

Se levant à la hâte, et rougissant à demi de son projet, elle se dit à elle-même : — Je lui ai montré de la froideur, et j'ai peut-être été injuste ; je ne serai point ingrate envers lui, quoique je ne puisse céder à ses vœux. Je n'attendrai pas que mon père me force à le recevoir comme mon Valentin pour cette année ; j'irai le chercher, et je le choisirai moi-même. J'ai accusé les autres jeunes filles d'être trop hardies quand elles agissaient ainsi, mais c'est le moyen de plaire à mon père ; et, après tout, je ne ferai qu'accomplir les rites de saint Valentin, en prouvant ma reconnaissance à cet homme brave.

Mettant à la hâte ses vêtemens, dans lesquels elle laissa pourtant un peu plus de désordre qu'à l'ordinaire, elle descendit l'escalier et ouvrit la porte de la chambre dans laquelle, comme elle l'avait supposé, son amant était resté depuis le combat qu'il avait livré. Catherine s'arrêta à la porte, et ne sut trop si elle devait exécuter son dessein; car l'usage non-seulement permettait, mais enjoignait même aux Valentins de commencer leur liaison par un baiser d'affection. On regardait comme un augure particulièrement heureux que l'un des deux trouvât l'autre endormi, et l'éveillât en accomplissant cette cérémonie intéressante.

Jamais plus belle occasion ne s'offrit pour commencer cette liaison mystique, que celle qui se présentait alors à Catherine. Après bien des rêveries, le brave armurier s'était enfin endormi sur le fauteuil. Ses traits, pendant qu'il se livrait ainsi au repos, avaient l'air plus fermes et plus mâles que Catherine ne l'aurait cru possible; car elle ne les avait jamais vus qu'agités par la crainte de lui déplaire et la timidité, et elle s'était habituée à n'y voir qu'une expression peu spirituelle.

— Il a l'air bien sévère, pensa-t-elle; s'il allait se fâcher! Et puis quand il s'éveillera... Nous sommes seuls... si j'appelais Dorothée... si j'éveillais mon père... Mais non! C'est une affaire d'usage, un gage d'affection fraternelle qui ne peut blesser l'honneur d'une jeune fille. Je ne veux pas supposer que Henry puisse s'y méprendre, et je ne souffrirai pas qu'une crainte puérile l'emporte sur ma reconnaissance.

A ces mots elle avança dans l'appartement en marchant sur la pointe des pieds, quoiqu'en hésitant, et ses joues se couvrirent de pourpre en songeant à ce qu'elle allait faire. Enfin elle arriva auprès de la chaise du dormeur, et déposa un baiser sur ses lèvres (1), aussi légèrement que si une feuille de rose y fût tombée. Son sommeil devait être bien léger pour qu'un si faible contact pût l'interrompre, et il fallait que les rêves de Henry eussent quelque rapport avec la cause de cette interruption, car, se levant à l'instant, il saisit Catherine entre ses bras, et, dans son transport de joie, voulut lui rendre le baiser qu'il venait d'en recevoir. Mais Catherine lui opposa une résistance sérieuse, et comme ses efforts semblaient annoncer une pudeur alarmée plutôt qu'une fausse honte, l'amant timide, qui aurait pu la retenir entre ses bras, eût-elle été vingt fois plus forte, souffrit qu'elle s'en arrachât.

— Ne vous fâchez pas, bon Henry, dit Catherine du ton le plus doux à son amant surpris. J'ai rendu hommage à saint Valentin pour prouver combien j'estime l'ami qu'il m'a envoyé pour cette année. Attendez que mon père soit présent, et je n'oserai vous refuser la vengeance que vous pouvez avoir droit de tirer de celle qui a interrompu votre sommeil.

— Qu'à cela ne tienne, s'écria le vieux Glover en entrant avec un air d'extase : Smith, en avant! Bats le fer tandis qu'il est chaud. Apprends-lui ce que c'est que d'éveiller le chat qui dort.

Se trouvant ainsi encouragé, Henry, quoique peut-être avec une vivacité moins alarmante, saisit de nouveau entre ses bras la Jolie Fille de Perth, qui se soumit en rougissant, mais d'assez bonne grace, à recevoir

---

(1) L'usage général, dans la Grande-Bretagne, est d'embrasser sur la bouche et non sur la joue. — Tr.

le baiser qu'elle avait donné, avec l'addition d'une douzaine d'autres, en forme de représailles. Enfin elle se débarrassa des bras de son amant, et, comme si elle eût été effrayée de ce qu'elle venait de faire ou qu'elle s'en fût repentie, elle se jeta sur une chaise et se couvrit le visage des deux mains.

— Lève la tête, jeune folle, lui dit son père, et ne sois pas honteuse d'avoir fait les deux hommes les plus heureux qui soient dans Perth, puisque ton vieux père en est un. Jamais baiser ne fut si bien donné, et il était juste qu'il fût convenablement rendu. Regarde-moi, ma chère Kate, regarde-moi, et que je te voie sourire. Sur ma parole d'honneur, le soleil qui se lève en ce moment pour éclairer notre belle ville n'a rien à me montrer qui puisse me faire plus de plaisir. Quoi! continua-t-il d'un ton jovial, croyais-tu avoir l'anneau de Jamie Keddie et pouvoir te rendre invisible? Non, non, ma fée de l'aurore. Comme je venais de me lever, j'ai entendu la porte de ta chambre s'ouvrir, et je t'ai suivie à pas de loup, non pour te protéger contre un dormeur, mais pour avoir le plaisir de voir de mes propres yeux ma chère fille faire ce que son père désirait le plus. Allons, allons, baisse ces sottes mains, et quoique tu rougisses un peu, la rougeur n'est pas déplacée sur les joues d'une jeune fille pendant la matinée de la Saint-Valentin.

En finissant de parler, Simon Glover baissa, avec une douce violence, les mains qui cachaient le visage de sa fille. Il était couvert d'une vive rougeur, mais il annonçait quelque chose de plus que la honte, car ses yeux étaient remplis de larmes.

— Quoi! des pleurs, Kate! s'écria son père. Sur ma

foi! c'est beaucoup plus qu'il ne faut. Henry, aide-moi à consoler cette jeune folle.

Catherine fit un effort pour reprendre du calme. Elle parvint à sourire; mais ce sourire avait quelque chose de sérieux et même de mélancolique.

— J'ai seulement à vous dire, mon père, dit la Jolie Fille de Perth en continuant ses efforts, qu'en choisissant Henry Gow pour mon Valentin, et en lui donnant le salut qui lui était dû en cette qualité suivant l'usage ordinaire, je n'ai voulu que lui prouver ma reconnaissance du service qu'il nous a rendu avec tant de courage, et vous montrer mon obéissance. Mais ne le portez pas à croire, et vous-même, ô mon père, ne concevez pas cette idée, que j'aie eu dessein de faire plus que de lui promettre d'être sa fidèle et affectionnée Valentine pendant tout le cours de l'année.

— Oui, oui, oui, oui, nous comprenons tout cela, dit Simon du ton que prend une nourrice pour apaiser un enfant. Nous comprenons ce que tu veux dire. C'en est assez pour une fois... assez pour une fois... Tu ne seras ni effrayée ni pressée. Vous êtes de vrais, de fidèles, d'affectionnés Valentins; le reste viendra... comme le ciel et les circonstances le permettront. Allons, allons, calme-toi. Ne tords pas tes petites mains, et ne crains pas d'autres persécutions en ce moment. Tu as bien agi, très-bien même. A présent va joindre Dorothée, et qu'elle appelle le jeune paresseux. Il nous faut un déjeuner solide après une nuit de confusion et une matinée de joie. Prépare-nous quelques-uns de ces gâteaux délicats qu'aucune main ne sait faire aussi bien que la tienne. Et tu as bien le droit d'en avoir le secret, puisque celle de qui tu l'as appris... Ah! ajouta-t-il en soupirant, paix soit à l'ame de ta pauvre mère ! Quel plaisir elle aurait eu de voir ce bienheureux jour de saint Valentin !

Catherine profita sur-le-champ de la permission de se retirer qui venait de lui être accordée, et sortit de l'appartement. Ce fut pour Henry comme si le soleil eût disparu du firmament à midi, et eût laissé le monde plongé dans une obscurité soudaine. Les espérances que lui avait fait concevoir ce qui venait de se passer commencèrent déjà à décroître, quand il réfléchit sur le changement subit survenu dans la conduite de Catherine, les larmes qu'elle avait versées, la crainte évidente que ses traits annonçaient, et le soin qu'elle avait pris d'expliquer aussi clairement que la délicatesse le lui permettait, que les avances qu'elle lui avait faites n'avaient pour but que de se conformer strictement au cérémonial du jour. Glover vit l'air soucieux de Smith avec surprise et déplaisir.

— An nom du bon saint Jean ! s'écria-t-il, pourquoi es-tu grave comme un hibou, quand un garçon vif comme toi, et aussi épris de cette pauvre fille que tu prétends l'être, devrait être gai comme un pinson ?

— Hélas ! mon père, répondit l'amant découragé, je vois écrit sur son front quelque chose qui dit qu'elle m'aime assez pour être ma Valentine, mais trop peu pour être ma femme.

— Et moi je te dis que tu es un oison glacé et sans cœur. Je sais lire sur le front d'une femme aussi bien et mieux que toi, et je n'ai rien vu de semblable sur le sien. Que diable ! tu étais là étendu comme un lord dans un bon fauteuil, ou dormant comme un juge à l'audience, tandis que, si tu avais été un amoureux ayant quelque ardeur, tu aurais eu les yeux bien ouverts fixés du côté de l'orient pour guetter le premier rayon du soleil. Mais non, tu te reposais, tu dormais, tu ronflais, j'en réponds, ne pensant ni à elle, ni à rien au monde, et voilà que la pauvre fille se lève au point du jour, de peur que quelque autre ne lui dérobe son précieux et vigilant Valentin, et elle t'éveille par un baiser qui, — saint Macgrider me protège! — aurait donné la vie à ton enclume; et je t'entends gémir et te plaindre, comme si elle t'avait passé un fer rouge sur les lèvres! Par saint Jean! je voudrais qu'elle t'eût envoyé la vieille Dorothée en sa place, et qu'elle t'eût obligé à être le Valentin de ce squelette vivant, à qui il ne reste pas une dent. On n'aurait pu trouver dans tout Perth une Valentine qui convînt mieux à un amant qui manque de cœur.

— Quant à manquer de cœur, père Simon, il y a une vingtaine de bons coqs dont j'ai rabattu la crête, qui peuvent vous dire si j'en manque ou non. Mais le ciel sait que je donnerais ma maison que je tiens à droit de bourgeoisie, ma forge, mes soufflets, mon enclume, et tout ce que je possède, pour pouvoir penser comme vous à ce sujet. Mais ce n'est ni de sa honte, ni de sa rougeur que je parle; c'est de la pâleur qui a chassé si vite les couleurs de ses joues, et des pleurs qui y ont succédé. C'était comme une giboulée d'avril, rendant obscur le plus beau jour qui ait jamais brillé sur le Tay.

— Ta! ta! ta! ni Perth ni Rome n'ont été bâties en un jour. Tu as pêché le saumon mille fois, et tu aurais dû y prendre une leçon. Quand le poisson a mordu à l'hameçon, tirer brusquement la ligne, c'est le moyen de la briser, quand elle serait de fil de laiton; mais làchez la main, laissez le saumon revenir sur la surface de l'eau, ayez de la patience, et en moins d'une demi-heure vous le tenez sur le sable. Tu as un aussi beau commencement que tu peux le désirer, à moins que tu ne veuilles que la pauvre fille coure au chevet de ton lit, comme elle a couru à ton fauteuil, ce qui n'est pas la mode des jeunes filles modestes. Mais, fais bien attention : quand nous aurons déjeuné, je te fournirai l'occasion de t'expliquer avec elle. Cependant prends garde de ne pas rester trop en arrière, et de ne pas te mettre trop en avant. — Donne-lui de la ligne ; ne cherche pas à tirer trop vite le poisson hors de l'eau, et je gage ma vie contre la tienne que tu réussiras.

— Quoi que je puisse faire, père Simon, j'aurai toujours tort à vos yeux ; ou je donnerai trop de ligne, ou je n'en donnerai pas assez. Je donnerais le meilleur haubert que j'aie jamais travaillé pour que toute la difficulté vînt de mon côté, car alors j'aurais plus d'espoir de la surmonter. J'avoue pourtant que je ne suis qu'un âne pour trouver la manière d'entamer la conversation sur un pareil sujet.

— Viens dans ma boutique avec moi, mon fils, et je te fournirai un sujet convenable. Tu sais que l'homme qu'une jeune fille a embrassé pendant qu'il dormait, doit lui présenter une paire de gants. Viens dans ma boutique, je t'en donnerai une paire de la plus belle peau de chevreuil qu'on puisse voir, et qui iront parfaitement à sa main et à son bras. — Je songeais à sa pauvre mère en les taillant, ajouta l'honnête Simon en soupirant, et à l'exception de Catherine, je ne connais pas une seule femme en Écosse à qui ils iraient, quoique j'aie pris la mesure des plus grandes beautés de la cour.

— Viens avec moi, te dis-je, et tu auras un sujet sur lequel tu pourras dégoiser à ton aise, pourvu que le courage et la prudence ne te manquent pas en faisant ta cour.

CHAPITRE VI.

« Jamais Catherine ne donnera sa main à un homme. »
SHAKSPEARE. *La méchante femme mise à la raison.*

Le déjeuner fut servi, et les gâteaux tout chauds, faits de fleur de farine et de miel d'après une recette de famille, non-seulement obtinrent les éloges que devait naturellement leur donner la partialité d'un père et d'un amant, mais chacun leur rendit justice avec cet appétit qui est la meilleure preuve du mérite d'un gâteau comme d'un pouding. On parla, on rit, on plaisanta. Catherine elle-même avait recouvré son calme habituel dans l'endroit où les dames et les demoiselles de nos jours perdraient probablement le leur, c'est-à-dire dans la cuisine, où elle avait exercé les fonctions de surintendante sur toutes les affaires domestiques, avec un talent reconnu. Je doute fort que la lecture de Sénèque, pendant un espace de temps égal, eût autant contribué à rétablir la tranquillité dans son esprit.

La vieille Dorothée était assise au bas bout de la table,

suivant l'usage ordinaire à cette époque. Les deux amis s'amusaient tellement de leur conversation, et Catherine était tellement occupée, soit à les écouter, soit à réfléchir en secret, que la vieille femme fut la première à remarquer l'absence du jeune Conachar.

— Cela est vrai, dit Glover; va l'appeler, ce fainéant de montagnard. Il ne s'est pas montré pendant la bagarre de la nuit dernière; du moins je ne l'ai pas vu. Quelqu'un l'a-t-il aperçu?

La réponse générale fut négative, et Henry ajouta :

— Il y a des temps où ces montagnards savent se tenir à couvert comme leurs daims, — oui, et courir aussi vite pour fuir le danger; et quant à cela, j'en ai été témoin moi-même.

— Et il y a des temps, répliqua Simon, où le roi Arthur et sa Table-Ronde ne pourraient leur tenir tête. Je voudrais, Henry, vous entendre parler avec plus de respect des montagnards. Ils viennent souvent à Perth, soit isolément, soit en troupe, et vous devriez vivre en paix avec eux tant qu'ils vivront en paix avec vous.

Henry était sur le point de lui répondre par une bravade, mais la prudence le retint.

— Vous savez, mon père, dit-il en souriant, que nous autres artisans nous préférons les gens qui nous font vivre. Or ma profession est de travailler pour les nobles chevaliers, les écuyers, les pages, les hommes d'armes et autres, etc., etc., qui portent les armes que je fabrique. Il est donc tout naturel que je préfère les Ruthven, les Lindsay, les Ogilvie, les Oliphant, et tant d'autres de nos braves et nobles voisins, qui sont couverts d'armures de ma façon, à ces maraudeurs montagnards, qui vont presque nus, et qui ne cherchent qu'à nous nuire ; d'autant plus qu'il ne s'en trouve pas cinq dans chaque clan qui aient une cotte d'armes rouillée, aussi vieille que leur *brattach* (1), et qui après tout n'est que l'ouvrage de quelque maladroit forgeron de leur clan, qui n'est pas membre de notre honorable corporation, et qui travaille à son enclume comme son père y travaillait avant lui. Je vous dis que de semblables gens ne peuvent être regardés d'un œil favorable par un honnête artisan.

— Fort bien, fort bien, dit Simon, mais n'en dites pas davantage sur ce sujet quant à présent, car voici notre paresseux qui arrive, et quoique ce soit un jour de fête, je ne veux plus avoir de poudings au sang (2).

Conachar entra en ce moment. Il avait les joues pâles, les yeux rouges et l'air préoccupé et agité. Il s'assit au bas bout de la table, en face de Dorothée, et il fit le signe de la croix, comme s'il se fût préparé à faire son repas du matin. Comme il ne touchait à rien, Catherine lui présenta le plat contenant les gâteaux qui avaient obtenu l'approbation générale. D'abord il refusa son offre avec un air d'humeur ; mais quand elle l'eût répétée avec un sourire plein de bonté, il prit un gâteau, le rompit, en mordit un morceau, mais l'effort qu'il parut avoir fait pour l'avaler fut apparemment si pénible, qu'il ne fit pas une seconde tentative.

— Vous avez un mauvais appétit pour une matinée

(1) Leur bannière. (*Note de l'auteur.*)

(2) Ce qu'on appelle en France boudin s'appelle en anglais pouding noir. Simon lui donne le nom de pouding au sang, pour faire allusion au coup de couteau porté la veille par Conachar à Henry Smith. — Tr.

de Saint-Valentin, Conachar, lui dit son maître avec un air de bonne humeur; cependant je crois que vous avez bien dormi la nuit dernière, car je suppose que vous n'avez pas entendu la bagarre qui a eu lieu en face de la maison. Je croyais qu'un montagnard actif aurait été aux côtés de son maître, le poignard à la main, au premier son annonçant quelque danger à un mille à la ronde.

— Je n'ai entendu qu'un bruit peu distinct, répondit le jeune homme en soupirant; j'ai cru que c'étaient quelques joyeux tapageurs, et vous m'avez défendu d'ouvrir ni porte ni fenêtre et d'alarmer la maison pour de pareilles folies.

— Bien, bien. Je m'imaginais qu'un montagnard aurait mieux connu la différence qu'il y a entre le cliquetis des armes et le son des instrumens, entre le cri de guerre et les acclamations de joie. N'en parlons plus, jeune homme; je suis charmé que tu perdes tes habitudes querelleuses. Prends ton déjeuner cependant, car j'ai à te donner de la besogne pressée.

— J'ai déjà déjeuné, et je suis moi-même très-pressé, car je pars pour les montagnes. Avez-vous quelques commissions à me donner pour mon père?

— Non, répondit Glover avec surprise. Mais as-tu perdu l'esprit, jeune homme? Quelle fantaisie te fait partir de la ville avec la rapidité d'un tourbillon?

— J'en ai reçu l'ordre inattendu, dit Conachar parlant avec quelque difficulté; mais était-ce par suite de l'embarras qu'on éprouve quelquefois à s'exprimer dans une langue étrangère (1), soit par quelque autre cause

(1) Les montagnards ont leur langue particulière, le gaëlique qui n'est ni l'anglais ni l'écossais. — Tr.

secrète, c'était ce qu'il n'était pas facile de distinguer. Il doit y avoir, ajouta-t-il, une réunion, une partie de chasse... et il se tut.

— Et quand comptez-vous revenir de cette bienheureuse partie de chasse ? c'est-à-dire s'il m'est permis de vous faire cette question.

— Je ne puis le dire exactement; peut-être jamais, si tel est le bon plaisir de mon père, répondit l'apprenti en affectant un air d'indifférence.

— Je croyais, dit Glover d'un ton sérieux, qu'il ne devait plus être question de tout cela quand, après de vives prières, je vous reçus sous ce toit, je pensais qu'en me chargeant, ce dont je ne me souciais guère, de vous apprendre une profession honnête, nous n'entendrions plus parler de chasse, de rassemblemens de clan, d'excursions, ni de rien de semblable.

— On ne m'a pas consulté en m'envoyant ici, répondit le jeune homme avec hauteur; je ne puis dire quelles en furent les conditions.

— Mais moi, je puis vous dire, sire Conachar, s'écria le gantier avec colère, qu'il n'est nullement honnête à vous de vous être engagé comme apprenti à un honorable artisan, de lui avoir gâté plus de peaux que n'en vaut la vôtre, et maintenant que vous êtes d'âge à pouvoir lui rendre quelques services, de disposer de votre temps à votre bon plaisir, comme s'il vous appartenait et non à votre maître.

— Comptez-en avec mon père, répliqua Conachar, et il vous paiera bien un mouton de France (1) pour

(1) Monnaie d'or de France, ainsi nommée parce qu'elle portait l'empreinte d'un agneau. (*Note de l'auteur.*)

chaque cuir que j'ai gâté, et une vache ou un bœuf gras pour chaque jour que je me suis absenté.

— Acceptez, l'ami Glover, acceptez, dit Henry d'un ton sec; vous serez bien payé du moins, sinon honnêtement. Il me semble que je voudrais savoir combien de bourses ont été vidées pour remplir le sporran de peau de chèvre (1) où l'or doit se puiser pour vous si libéralement, et de quels pâturages viennent les bœufs qui doivent vous être envoyés par les défilés des monts Grampians.

— Vous me rappelez, l'ami, dit le jeune montagnard en se tournant vers l'armurier avec un air de hauteur, que j'ai aussi un compte à régler avec vous.

— N'avance pas à la portée de mon bras, s'écria Henry en étendant son bras nerveux, je ne veux pas avoir affaire à toi de plus près; je ne veux plus de combats à coup d'épingle : je ne me soucie guère de la piqûre d'une guêpe; mais je ne souffre pas que l'insecte m'approche quand je suis averti par son bourdonnement.

Conachar sourit avec un air de mépris. — Je ne voulais te faire aucun mal, dit-il; le fils de mon père ne t'a fait que trop d'honneur en répandant le sang d'un manant comme toi. Je te le paierai à tant par goutte, afin qu'il se sèche et qu'il ne me souille pas les doigts plus long-temps.

— Paix, singe fanfaron, dit l'armurier; le sang d'un

(1) La poche des montagnards, généralement de peau de chèvre, et portée sur le devant des vêtemens, s'appelle dans leur langue *sporran*. Un *sporran-moullach* est une poche de peau de chèvre ou de quelque autre animal, ayant en dehors le côté poilu.

Éd.

brave homme ne peut se payer à prix d'argent. La seule réparation que tu pusses me faire, ce serait de venir à un mille de distance de tes montagnes, dans les basses-terres, avec deux des plus fiers rodomonts de ton clan, et tandis que j'aurais affaire à eux, je laisserais le soin de te corriger à mon apprenti, le petit Jankin.

Catherine intervint dans la conversation. — Silence, mon fidèle Valentin, à qui j'ai le droit de commander; et vous aussi, Conachar, silence : vous devez m'obéir comme étant fille de votre maître ; il est mal de réveiller le matin une querelle que la nuit a dû assoupir.

— Adieu donc, maître Glover, dit Conachar après avoir jeté sur Smith un autre regard de dédain, auquel celui-ci ne répondit que par un éclat de rire; adieu. Je vous remercie de toutes vos bontés; vous en avez eu pour moi plus que je ne le méritais. Si j'en ai paru quelquefois trop peu reconnaissant, ce fut la faute des circonstances et non celle de ma volonté. Catherine,...

Il jeta sur elle un regard de vive émotion qui semblait produite par des sentimens de différente nature. Il hésita comme pour lui dire quelque chose, et se détourna enfin en ajoutant le seul mot : — adieu.

Cinq minutes après, ayant aux pieds des brodequins de montagnard et un petit paquet sous le bras, il sortit de Perth par la porte conduisant vers le nord, et prit le chemin des montagnes.

— Le voilà parti, aussi fier et aussi gueux que tout un clan montagnard, dit Henry. Il parle de pièces d'or aussi lestement que je parlerais de sous d'argent; et cependant je jurerais que le pouce du gant de laine de sa mère pourrait contenir le trésor de tout son clan.

— Assez probable, dit le gantier souriant de cette

idée, d'autant plus que sa mère était une femme qui avait une main assez forte.

— Et quant aux bestiaux, continua Henry, je suppose que ses frères et son père volent des moutons un à un.

— Moins nous en parlerons, mieux ce sera, dit Glover en reprenant un air grave. Il n'a pas de frères... Son père est un homme puissant... Il a les bras longs; il les étend autant qu'il le peut, et ses oreilles entendent de si loin qu'il n'est pas nécessaire de parler de lui.

— Et cependant il a placé son fils unique comme apprenti chez un gantier de Perth! ajouta Henry. J'aurais cru que la noble profession, comme on l'appelle, de saint Crépin, lui aurait mieux convenu; et que si le fils de quelque grand Mac ou O' (1) devait devenir un artisan, ce ne pouvait être que dans le métier où des princes lui ont donné l'exemple.

Cette observation, quoique faite d'un ton ironique, parut éveiller en notre ami Simon le sentiment de toute la dignité de sa profession, sentiment qui caractérisait en général tous les artisans de cette époque.

— Vous vous trompez, mon fils Henry, répondit-il avec beaucoup de gravité, la profession de gantier est la plus honorable des deux, puisqu'elle travaille pour les mains, au lieu que les savetiers et cordonniers ne s'occupent que des pieds.

— Ce sont des membres également nécessaires au corps, répliqua Henry dont le père avait été cordonnier.

— Cela peut être, mon fils, dit le gantier, mais ils ne

(1) Le *mac* ou O' (fils de) entre fréquemment dans les noms gaëliques de l'Écosse et de l'Irlande. — Éd.

sont pas également honorables. Songez que nous employons les mains comme des gages de bonne foi et d'amitié; les pieds n'ont pas un pareil privilège. Les braves gens combattent les armes à la main; les lâches se servent des pieds pour s'enfuir. Un gant se maintient en haut lieu; un soulier se plonge dans la boue. On salue un ami la main ouverte; on repousse avec le pied un chien, ou un homme qu'on méprise comme un chien. Un gant sur la pointe d'une pique est un signe et un gage de bonne foi dans tout l'univers, comme un gantelet jeté par terre est un appel au combat entre chevaliers, tandis que je ne vois aucun emblème dans un vieux soulier, si ce n'est que quelques bonnes femmes le jettent au dos d'un homme pour lui porter bonheur, pratique à laquelle j'avoue que je n'ai pas grande confiance.

— Sur ma foi, s'écria l'armurier amusé de l'éloquent plaidoyer de son ami en faveur de la dignité du métier qu'il exerçait, je vous réponds que ce ne sera jamais moi qui chercherai à déprécier la profession de gantier. Songez donc que je suis moi-même fabricant de gantelets. Mais la dignité de votre ancienne corporation ne m'empêche pas d'être surpris que le père de ce Conachar ait souffert que son fils apprît un métier quelconque d'un artisan des basses-terres; car ces montagnards nous regardent comme infiniment au-dessous de leur rang sublime; comme une race de méprisables journaliers, qui ne méritent d'autre destin que d'être maltraités et pillés toutes les fois que ces grands seigneurs à jambes nues croient pouvoir se le permettre sans danger.

— Sans doute, repartit Simon; mais il y avait de

puissantes raisons pour... pour... Il retint quelque chose qui semblait sur le point de sortir de ses lèvres, et ajouta :

— Pour que le père de Conachar agit comme il l'a fait. Au surplus, j'ai accompli tout ce que je lui avais promis, et je ne doute pas qu'il n'agisse honorablement à mon égard. Mais le départ soudain de Conachar me met dans l'embarras. Il avait certaines choses confiées à ses soins... Il faut que j'aille jeter un coup d'œil dans la boutique.

— Puis-je vous aider, mon père? demanda Henry, trompé par le ton sérieux de son ami.

— Vous? non! répondit Simon d'un ton sec qui fit tellement sentir à Henry la maladresse de sa proposition, qu'il rougit jusqu'au blanc des yeux de son manque de présence d'esprit dans une circonstance où l'amour aurait dû lui faire comprendre à demi-mot quelle était l'intention du vieux Glover.

— Catherine, dit Simon en sortant, faites compagnie à votre Valentin pendant cinq minutes, et ne le laissez point partir avant mon retour. Suis-moi, vieille Dorothée, je crois que j'aurai besoin de ton aide.

Il sortit de l'appartement, suivi de la vieille femme, et Henry Smith resta seul avec Catherine, peut-être pour la seconde fois de sa vie. Il y eut quelque embarras de la part de la jeune fille, et quelque gaucherie du côté de l'amant, pendant environ une minute. Enfin Henry, s'armant de tout son courage, tira de sa poche les gants que Simon lui avait remis, et la supplia de permettre à celui qui avait reçu ce matin une faveur si précieuse, de payer l'amende qu'il avait encourue pour avoir été endormi dans un moment où il aurait volontiers renoncé au sommeil pendant toute une année pour être éveillé une seule minute.

— Mais, dit Catherine, l'hommage que j'ai rendu à saint Valentin ne rend pas exigible l'amende que vous désirez payer, et je ne puis consentir à la recevoir.

— Ces gants, dit Henry en approchant doucement sa chaise de celle de Catherine, ont été travaillés par des mains qui vous sont bien chères ; et voyez, ils sont faits pour les vôtres. Il les étendit sur la table, et prenant le bras de Catherine dans sa main robuste, il le plaça à côté pour lui montrer comme ils lui iraient bien. — Voyez ce bras arrondi, ajouta-t-il, voyez ces doigts déliés ; songez à celui qui a fait ces coutures en soie et en or, et dites-moi si ces gants, et les bras auxquels seuls ils peuvent bien aller, doivent rester séparés, parce que ces pauvres gants ont eu le malheur d'être quelques minutes sous la garde d'une main rude et basanée comme la mienne.

— Je les reçois avec plaisir comme venant de mon père, dit Catherine, et certainement aussi comme venant de mon *ami*, appuyant sur ce dernier mot, de mon Valentin, de mon défenseur.

— Permettez-moi de vous aider à les mettre, dit Smith en avançant encore plus près d'elle. Ils peuvent être d'abord un peu justes, et vous pouvez avoir besoin de quelque assistance.

— Vous êtes habile à rendre de pareils services, bon Henry Gow, dit Catherine en souriant, mais en reculant sa chaise en même temps.

— De bonne foi, dit Henry en secouant la tête, je suis plus habile à faire entrer dans un gantelet d'acier la main d'un chevalier, qu'à ajuster un gant brodé sur celle d'une jeune fille.

— En ce cas, je ne vous donnerai pas plus de peine; Dorothée m'aidera. Mais je n'aurai pas besoin d'aide; les yeux et les doigts de mon père ne le trompent jamais dans sa profession, et tous les ouvrages qui sortent de ses mains répondent toujours exactement à la mesure qu'il en a prise.

— Permettez-moi de m'en convaincre; que je voie si ces jolis gants vont réellement bien aux mains pour lesquelles ils ont été faits.

— Dans quelque autre moment, bon Henry, je porterai ces gants en l'honneur de saint Valentin et du compagnon qu'il m'a donné pour cette année. Plût au ciel que je pusse également satisfaire mon père sur une matière plus importante! Quant à présent le parfum de cette peau augmente le mal de tête que j'ai eu depuis ce matin.

— Mal de tête, chère Catherine!

— Appelez-le un mal partant du cœur, et vous ne vous tromperez pas, dit Catherine en soupirant, et elle continua d'un ton plus sérieux. Henry, dit-elle, peut-être vais-je montrer autant de hardiesse que vous avez eu lieu de m'en supposer ce matin; car je vais être la première à vous parler d'un sujet sur lequel je devrais peut-être attendre que j'eusse à vous répondre. Mais, après ce qui s'est passé ce matin, je ne puis me dispenser de vous expliquer mes sentimens à votre égard sans courir le risque de vous mettre dans le cas de vous y méprendre. Non; ne me répondez pas avant de m'avoir entendue. Vous êtes brave, Henry, plus brave que la plupart des hommes; vous êtes franc et fidèle; on peut compter sur vous comme sur l'acier que vous travaillez; vous...

— Arrêtez, Catherine, arrêtez, par compassion! Jamais vous n'avez dit tant de bien de moi que pour en venir à quelque censure amère dont vos éloges étaient les avant-coureurs. Je suis honnête, direz-vous encore, mais je suis un écervelé, un brouillon, un querelleur, un spadassin.

— Je serais injuste envers moi comme envers vous si je vous nommais ainsi. Non, Henry, ce n'eût jamais été à un spadassin, eût-il porté un panache à son bonnet et des éperons d'or à ses talons, que Catherine Glover eût offert la faveur d'usage qu'elle vous a accordée ce matin. Si j'ai quelquefois appuyé sévèrement sur le penchant de votre esprit pour la colère, et de votre main pour le combat, c'est parce que je voudrais, si je pouvais y réussir, vous faire haïr les péchés de vanité et d'emportement auxquels vous vous laissez aller trop aisément. J'ai parlé sur ce sujet plutôt pour alarmer votre conscience que pour exprimer mon opinion. Je sais aussi bien que mon père que, dans ce malheureux temps de désordres, on peut citer les coutumes de notre nation, et même de toutes les nations chrétiennes, pour justifier l'habitude de faire de la moindre bagatelle une cause de querelle sanglante, de tirer une vengeance terrible et mortelle de la plus légère offense, et de se massacrer l'un l'autre par principe d'honneur et souvent même par pur amusement. Mais je sais que ce sont autant de transgressions pour lesquelles nous serons un jour appelés en jugement, et je voudrais vous convaincre, mon brave et généreux ami, que vous devez écouter plus souvent les conseils de votre bon cœur, et être moins fier de la force et de la dextérité de votre bras impitoyable.

— Je suis convaincu, Catherine, je le suis; vos paroles seront désormais une loi pour moi. J'en ai fait assez, j'en ai fait beaucoup trop pour prouver ma force et mon courage; mais c'est de vous seule, Catherine, que je puis apprendre à mieux penser. Souvenez-vous, ma belle Valentine, que mon ambition de me distinguer les armes à la main, mon humeur querelleuse, si l'on peut l'appeler ainsi, ne combattent pas à armes égales contre ma raison et mon caractère plus doux. Elles sont excitées et encouragées par des causes qui me sont étrangères. Qu'il survienne une querelle, et que, d'après vos avis, je me montre peu disposé à m'en mêler, croyez-vous que je sois libre de choisir entre la paix et la guerre? Non, par sainte Marie! Cent voix s'élèveront autour de moi pour m'animer. — Comment donc, Smith, la lame est-elle rouillée? dira l'un. — Henry Gow fait la sourde oreille à une querelle, ce matin, ajoutera l'autre. — Bats-toi pour l'honneur de Perth, s'écriera milord le prévôt. — Henry contre eux tous, et je gage un noble d'or pour lui, dira peut-être votre père lui-même. Or que peut faire un pauvre homme comme moi, Catherine, quand tout le monde le pousse ainsi au nom du diable, et qu'il ne se trouve pas une ame de l'autre côté qui lui dise un mot pour le retenir?

— Je sais que le démon ne manque pas d'agens pour nous porter à ses œuvres, mais il est de notre devoir de résister à ces vains argumens, quand même ils seraient employés par ceux à qui nous devons amour et respect.

— Il y a ensuite les ménestrels avec leurs romances et leurs ballades, qui font consister tout le mérite d'un homme à recevoir et à rendre de bons coups. Vous ne sauriez croire, Catherine, de combien de mes péchés le ménestrel Harry l'Aveugle doit être responsable. Lorsque je frappe un coup bien appuyé, ce n'est pas, j'en prends saint Jean à témoin, par envie de faire mal à celui à qui je le porte, c'est uniquement pour frapper comme frappait William Wallace.

Smith parlait ainsi avec un sérieux si lamentable, que Catherine ne put s'empêcher de sourire. Cependant elle l'assura que des raisons si futiles ne pouvaient être mises en balance un seul instant contre le danger qu'il faisait courir à sa vie et à celle des autres.

— Sans doute, répliqua Henry enhardi par son sourire; mais il me semble que la bonne cause de la paix n'en irait que mieux si elle trouvait un avocat. Supposez, par exemple, que lorsqu'on me pousse et qu'on m'excite à mettre la main sur mon arme, je pusse me souvenir que j'ai laissé à la maison un bon ange gardien dont l'image semblerait me dire tout bas : — Henry, point d'acte de violence! c'est ma main que vous allez teindre de sang. Henry, ne vous exposez pas à un danger inutile, c'est ma poitrine que vous allez mettre en péril. De telles pensées produiraient sur moi plus d'effet que si tous les moines de Perth me criaient : Arrête, sous peine d'excommunication!

— Si la voix, les avis et l'affection d'une sœur peuvent avoir quelque poids dans ce débat, Henry, dit Catherine, croyez que lorsque vous frappez c'est ma main que vous couvrez de sang, et que lorsque vous recevez une blessure c'est mon cœur qui est percé.

Le ton sincèrement affectueux dont ces paroles furent prononcées donna du courage à l'armurier.

— Et pourquoi, dit-il, ne pas étendre votre intérêt un peu au-delà de ces froides limites? Pourquoi, puisque vous êtes assez bonne et assez généreuse pour avouer que vous prenez quelque intérêt au pauvre ignorant pêcheur qui est devant vous, ne l'adoptez-vous pas sur-le-champ pour votre disciple et votre époux? Votre père le désire, toute la ville s'y attend; les gantiers et les forgerons préparent leurs réjouissances; et vous, vous seule, dont les paroles ont tant de douceur et de bonté, vous y refusez votre consentement!

— Henry, dit Catherine d'une voix basse et tremblante, croyez que je me ferais un devoir d'obéir aux ordres de mon père, s'il n'existait des obstacles invincibles au mariage qu'il me propose.

— Mais réfléchissez — réfléchissez un instant. J'ai peu de chose à dire pour me faire valoir, en comparaison de vous qui savez lire et écrire. Mais j'aime à entendre lire, et jamais je ne me lasserais d'écouter votre douce voix. Vous aimez la musique, j'ai appris à pincer de la harpe et à chanter aussi bien que quelques ménestrels. Votre plaisir est d'être charitable, j'ai le moyen de donner sans risquer de m'appauvrir; je pourrais faire tous les jours des aumônes aussi considérables qu'un diacre (1) sans m'en apercevoir. Votre père devient vieux pour travailler comme il le fait; il demeurerait avec nous, car je le regarderais bien véritablement comme mon père. Je m'abstiendrais de toute querelle frivole aussi-bien que de jeter ma main dans

(1) Un *diacre* est un dignitaire ecclésiastique, mais on donne ce nom en Écosse aux syndics des corporations, témoin le père du Bailli Nicol Jarvie. — Éd.

ma fournaise, et si quelqu'un s'avisait de nous insulter je lui ferais voir qu'il n'a pas choisi le marché convenable pour le débit de sa marchandise.

— Puissiez-vous éprouver tout le bonheur domestique que vous pouvez vous figurer, Henry, — mais avec une femme plus heureuse que je ne le suis, dit la Jolie Fille de Perth, qui semblait presque étouffer par les efforts qu'elle faisait pour retenir ses pleurs, et presque ses sanglots.

— Vous me haïssez donc! demanda l'amant après quelques instans de silence.

— Non! le ciel m'en est témoin.

— Ou vous aimez quelqu'un mieux que moi?

— C'est une cruauté de demander ce qu'il ne peut vous être utile de savoir ; mais vous vous trompez complètement.

— Ce chat sauvage de Conachar, peut-être? j'ai remarqué ses regards, et...

— Vous profitez de ma situation pénible pour m'insulter, Henry, quoique je ne l'aie pas mérité. Conachar n'est rien pour moi, si ce n'est qu'ayant essayé de dompter son esprit violent par quelque instruction, j'ai pris un peu d'intérêt à un jeune homme abandonné à ses préjugés et à ses passions, et qui par conséquent a une certaine ressemblance avec vous, Henry.

— Il faut donc que ce soit quelque Sir Ver à Soie, quelqu'un de ces courtisans fringans, dit l'armurier dont le dépit irritait son caractère naturellement ardent; quelqu'un de ceux qui s'imaginent devoir tout emporter par la hauteur de leur panache et par l'éclat de leurs éperons dorés. Je voudrais bien savoir quel est celui qui, abandonnant ses compagnes naturelles, les dames fardées et parfumées de la cour, prétend faire sa proie des filles des simples artisans de la ville. Je voudrais connaître son nom et son surnom.

— Henry Smith, dit Catherine surmontant la faiblesse qui avait paru menacer de l'accabler quelques momens auparavant, ce langage est celui de la folie et de l'ingratitude, ou plutôt de la fureur. Je vous ai déjà dit, au commencement de cet entretien, qu'il n'existait personne dont j'eusse une plus haute opinion que celui qui perd maintenant quelque chose de mon estime à chaque mot qu'il prononce avec un ton de soupçon injuste et de colère sans motif. Vous n'aviez pas même le droit de savoir ce que je vous ai dit, et je vous prie de faire attention que mes discours ne doivent pas vous autoriser à croire que je vous accorde la préférence sur les autres, quoique j'aie avoué que je ne vous préfère personne. Il suffit que vous sachiez qu'il existe un obstacle insurmontable à ce que vous désirez, comme si un enchanteur avait jeté un charme sur ma destinée.

— Les gens courageux savent rompre les charmes, dit Smith; je voudrais n'avoir que cela à craindre. D'Horbion, l'armurier danois, me parla d'un charme qu'il avait pour rendre ses cuirasses impénétrables en chantant une certaine chanson pendant que le fer chauffait. Je lui dis que ses rimes runiques n'étaient pas à l'épreuve contre les armes dont on se servait pour se battre à Luncarty (1). Il est inutile de dire ce qui

(1) Le champ de Luncarty, situé sur la rive occidentale du Tay, à quatre milles de Perth, est fameux par un combat où les *Danois* furent vaincus par les *Écossais* dans le dixième siècle.

Éd.

en résulta; mais sa cuirasse, celui qui la portait et le chirurgien qui guérit sa blessure savent si Henry Gow peut rompre un charme.

Catherine le regarda comme si elle allait lui répondre de manière à lui prouver qu'elle n'admirait nullement l'exploit dont il venait de se vanter, le brave armurier ne s'étant pas souvenu qu'il était d'un genre à l'exposer encore à sa censure. Mais avant qu'elle eût le temps d'exprimer ses pensées, son père entr'ouvrit la porte et avança la tête dans l'appartement.

— Henry, dit-il, il faut que j'interrompe des affaires plus agréables pour te prier de passer dans mon atelier sans perdre un instant, pour y délibérer sur des affaires de la plus grande importance pour la ville.

Henry, saluant Catherine, quitta sur-le-champ l'appartement. Il fut peut-être heureux, pour maintenir entre eux des relations amicales à l'avenir, qu'ils eussent été brusquement séparés de cette manière, d'après la tournure que la conversation semblait devoir prendre, car l'amant, d'après le degré d'encouragement qu'il s'imaginait avoir reçu, commençait à regarder les refus de la Jolie Fille comme l'inexplicable effet d'un caprice; et Catherine, d'une autre part, le considérait comme voulant abuser de la faveur qu'elle lui avait accordée plutôt que comme un homme que sa délicatesse rendait digne de la recevoir.

Mais leur cœur nourrissait un sentiment d'attachement réciproque, qui, une fois la querelle terminée, devait y renaître et faire oublier à la jeune fille la blessure faite à sa délicatesse, et à l'amant la froideur avec laquelle elle avait répondu à son ardente passion.

CHAPITRE VII.

« Cette querelle peut coûter du sang quelqu'autre jour. »
SHAKSPEARE. *Henri VI*, partie 1.

Le conclave de citoyens qui s'étaient donné rendez-vous pour délibérer sur le tumulte de la nuit précédente était alors assemblé. L'atelier de Simon Glover était rempli d'une foule de personnages qui n'étaient pas de peu d'importance, et dont quelques-uns portaient des habits de velours noir et avaient une chaîne d'or autour du cou. C'étaient véritablement les pères conscrits de la ville, et il se trouvait parmi ces honorables bourgeois des baillis et des diacres de corporations. Tous leurs fronts avaient un air de courroux et d'importance offensée, tandis qu'ils causaient ensemble à demi-voix avant de se livrer à une discussion en règle.

Parmi ces personnages affairés, celui qui semblait encore plus affairé que les autres, était le petit bourgeois important qu'on a vu figurer à la fin du tumulte de la nuit précédente, nommé Olivier Proudfute, bonnetier de profession. On le voyait s'agiter et courir çà et là dans la foule, à peu près comme la mouette qui, au commencement d'une tempête, étend ses ailes, pousse des cris et voltige encore irrégulièrement dans les airs, quand on croirait qu'elle devrait plutôt se réfugier dans son nid et y rester tranquille pendant l'ouragan.

Quoi qu'il en soit, maître Proudfute était au milieu de la foule, accrochant ses doigts au bouton de l'un, approchant ses lèvres de l'oreille de l'autre, accostant ceux qui étaient à peu près de sa taille, et se levant sur la pointe des pieds pour faire part de ses nouvelles à ceux qui étaient plus grands que lui, en saisissant le collet de leur habit pour se soutenir. Se sentant l'avantage d'être mieux informé que les autres, puisqu'il avait été témoin oculaire, il se regardait comme un des héros de l'affaire, et il était disposé à pousser la part qu'il y avait prise au-delà des limites de la modestie et de la vérité. On ne peut dire que les informations qu'il donnait fussent bien curieuses et bien importantes ; elles se bornaient en général à ce qui suit :

— Tout cela est vrai par saint Jean ! j'y étais moi-même et je l'ai vu de mes propres yeux. J'ai été le premier à courir au bruit ; et sans moi et un autre vigoureux gaillard qui est arrivé presque au même instant, ils auraient enfoncé la porte de la maison de Simon Glover, lui auraient coupé la gorge et auraient emmené sa fille dans les montagnes. C'est une voie de fait qu'on ne peut souffrir, voisin Crookshank, qu'on ne peut supporter, voisin Glass, qu'on ne peut endurer, voisins Balneaves, Rolloek et Chrysteson. Il est fort heureux que moi et cet autre vigoureux gaillard nous soyons arrivés à temps. N'est-il pas vrai, mon digne voisin, bailli Craigdallie?

Ces discours étaient soufflés d'oreille en oreille par l'affairé bonnetier. Le bailli Craigdallie, le même dignitaire qui avait été d'avis d'ajourner à ce moment et à ce lieu la délibération sur les événemens de la nuit, était un homme grand, gros et de bonne mine, qui se débarrassa de la main du diacre accrochée au collet de son habit, à peu près d'aussi bonne grace qu'un vigoureux cheval secoue la taon importun qui l'a assailli pendant dix minutes. — Silence, braves citoyens ! s'écria-t-il; voici Simon Glover, de la bouche duquel il n'est jamais sorti que des paroles de vérité. Nous apprendrons de lui quel est l'outrage dont il a à se plaindre.

Simon, interpellé ainsi, s'expliqua avec un embarras manifeste qu'il attribua à la répugnance qu'il avait à ce que la ville se fît une querelle sérieuse avec qui que ce fût à cause de lui. — Après tout, dit-il, ce n'était qu'une fredaine, une plaisanterie de quelques jeunes courtisans, et le pire qu'il en résulterait, c'était qu'il ferait mettre de bonnes barres de fer à la croisée de la chambre de sa fille, pour prévenir la répétition d'une pareille frasque.

—Mais, si ce n'était qu'une fredaine et une plaisanterie, dit le bailli Craigdallie, notre concitoyen Henry l'armurier a eu grand tort de couper si légèrement la main d'un homme comme il faut, et la ville pourrait être condamnée à une amende considérable, à moins que nous ne nous assurions de la personne de celui qui a commis cette mutilation.

— A Notre-Dame ne plaise! s'écria le gantier. Si vous saviez ce que je sais, vous craindriez autant de toucher à cette affaire, que de porter la main sur un fer rouge. Mais puisque vous voulez vous mettre les doigts dans le feu, il faut vous dire la vérité. Ainsi, quoi qu'il puisse en arriver, je vous dirai que l'affaire aurait pu finir très-mal pour moi et pour les miens, si Henry Gow armurier, que vous connaissez tous, n'était arrivé fort à propos à mon secours.

— Ainsi que moi, dit Olivier Proudfute, quoique je ne prétende pas être tout-à-fait aussi habile dans le maniement du sabre que notre voisin Henry Gow. Vous m'avez vu au commencement du tumulte, voisin Glover.

— Je vous ai vu quand il était terminé, voisin, répondit le gantier d'un ton sec.

— C'est vrai, c'est vrai, reprit Proudfute; j'avais oublié que vous étiez dans votre maison pendant que les coups se donnaient, et que vous ne pouviez voir qui les distribuait.

— Silence! voisin Proudfute, silence! s'écria Craigdallie évidemment ennuyé des croassemens peu harmonieux du digne diacre. Il y a ici quelque chose de mystérieux, ajouta-t-il, mais je crois deviner le secret. Notre ami Simon est, comme vous le savez tous, un homme paisible, qui souffrira plutôt une injustice que de mettre en danger un ami ou un voisin, pour en obtenir réparation. Mais toi, Henry Gow, toi qu'on trouve toujours quand la ville a besoin d'un défenseur, dis-nous tout ce que tu sais de cette affaire.

L'armurier conta l'histoire, telle que nous l'avons déjà rapportée; et l'affairé fabricant de bonnets s'écria encore: — Et tu m'as vu dans la mêlée, honnête Smith, n'est-il pas vrai ?

— Non, sur ma foi, voisin, répondit Henry; mais vous êtes petit, comme vous le savez, et il peut se faire que je ne vous aie pas aperçu.

Cette réponse fit rire aux dépens d'Olivier, qui rit lui-même comme les autres, mais en ajoutant: — Il n'en est pas moins vrai que je suis arrivé un des premiers au secours du voisin Glover.

— Et où étiez-vous donc, voisin? demanda Smith, car, de bonne foi, je ne vous ai pas vu; et j'aurais donné la valeur de la meilleure armure qui soit jamais sortie de mes mains, pour avoir à mon côté un gaillard ferme et vigoureux comme vous.

— Je n'étais pourtant pas bien loin de toi, brave Smith, et tandis que tu distribuais les coups comme si tu eusses frappé sur ton enclume, je parais ceux que d'autres coquins voulaient te porter par derrière, et c'est pour cela que tu ne m'as pas vu.

— J'ai entendu parler de forgerons de l'ancien temps qui n'avaient qu'un œil, dit Henry; moi, j'en ai deux; mais comme ils sont tous deux placés sous mon front, je ne pouvais pas voir par derrière, voisin.

— La vérité est pourtant que j'y étais, reprit l'opiniâtre Olivier, et je vais rendre compte à maître Craigdallie de tout ce qui s'est passé, car c'est Henry Gow et moi qui y sommes arrivés les premiers.

— Nous en savons assez pour le présent, dit le bailli en lui faisant signe de se taire. Les déclarations de Simon Glover et de Henry Gow seraient bien suffisantes dans une affaire moins digne de croyance. Maintenant, mes maîtres, la question est de savoir ce que nous devons faire. Tous nos droits de bourgeoisie ont été insultés et outragés, et vous devez bien penser que c'est par quelque homme puissant, car nul autre n'aurait osé agir ainsi. Mes maîtres, il est dur pour la chair et le sang d'avoir à se soumettre à un pareil outrage. Les lois nous ont placés à un rang plus bas que les princes et les nobles, mais il est contre la raison de supposer que nous souffrirons qu'on force nos maisons et qu'on insulte l'honneur de nos femmes, sans en obtenir réparation.

— Cela n'est pas supportable! s'écrièrent unanimement tous les citoyens.

Simon Glover se mit au premier rang, tous ses traits annonçant l'embarras et l'inquiétude. — J'espère encore, mes dignes voisins, dit-il, qu'on n'avait pas d'aussi mauvaises intentions que nous avons pu le croire; et quant à moi, je pardonnerais volontiers le trouble et l'alarme dont ma pauvre maison a été le théâtre cette nuit, pour épargner à notre bonne ville les désagrémens qui peuvent résulter de cette affaire. Réfléchissez, je vous prie, quels seront les juges qui en connaîtront? Je parle entre voisins, entre amis, et par conséquent à cœur ouvert. Le roi (que Dieu le protège!) est tellement affaibli de corps et d'esprit, qu'il nous renverra à un de ses conseillers, à quelque grand seigneur qui sera dans ses bonnes graces pour le moment. Peut-être nous renverra-t-il à son frère, de duc d'Albany, qui se fera de notre pétition pour obtenir justice, un prétexte pour nous extorquer de l'argent.

— Nous ne voulons pas avoir Albany pour juge!

s'écria toute l'assemblée d'une voix aussi unanime.

— Peut-être nous dira-t-il de porter nos plaintes devant le duc de Rothsay, continua Simon, et ce jeune prince débauché regardera cet outrage comme un excellent sujet pour les plaisanteries de ses joyeux compagnons, et pour les chants de ses ménestrels.

— Point de Rothsay! il est trop dissipé pour être notre juge! s'écrièrent tous les citoyens.

Simon s'enhardit en voyant qu'il arrivait au but qu'il désirait atteindre; cependant ce ne fut qu'en baissant la voix qu'il prononça le nom redoutable qui va suivre:
— Aimeriez-vous mieux avoir affaire à Douglas le Noir?

Une minute se passa sans que personne lui répondit. Les bourgeois se regardaient les uns les autres, pâles et décontenancés. Mais Henry Smith parla hardiment, et d'une voix décidée énonça les sentimens dont chacun était animé, mais qu'aucun n'osait exprimer.

— Douglas le Noir pour juge entre un bourgeois et un gentilhomme, un grand seigneur, à ce qu'on peut croire et ce dont je me soucie peu! Autant vaudrait le diable le plus noir de l'enfer! Vous êtes fou, père Simon, de nous faire une pareille question.

Il y eut encore quelques instans de silence causé par la crainte et l'incertitude; le bailli Craigdallie le rompit enfin, et jetant un coup d'œil expressif sur l'armurier:
— Voisin Smith, lui dit-il, votre pourpoint de dessous vous donne de la confiance, sans quoi vous ne parleriez pas si hardiment.

— J'ai confiance dans le cœur qui bat sous mon pourpoint, tel qu'il peut être, bailli, répondit l'intrépide Henry; et quoique je ne sois pas grand parleur, jamais un de vos nobles ne me mettra un cadenas sur la bouche.

— Portez un pourpoint bien solide, mon brave Henry, ou ne parlez pas si haut, dit le bailli du même ton expressif. Il y a dans la ville des gens des frontières qui portent le cœur sanglant sur l'épaule (1). Mais que ferons-nous? car tous ces discours ne vont pas au but.

— Les plus courts sont les meilleurs, s'écria l'armurier. Allons trouver notre prévôt, et demandons-lui son appui et son assistance.

Un murmure approbateur se fit entendre dans l'atelier, et Olivier Proudfute s'écria : — C'est ce que je dis depuis une demi-heure, mais personne de vous ne veut m'écouter. Allons trouver notre prévôt, dis-je. Il est noble lui-même, et il doit intervenir entre la ville et les nobles en toute occasion.

— Paix, voisins! paix! prenez bien garde à ce que vous dites et à ce que vous faites, dit un homme maigre et de petite taille, qui paraissait encore plus semblable à une ombre par les efforts qu'il prenait pour se donner un air d'extrême humilité, afin de faire accorder son extérieur avec ses discours, et de se montrer encore plus mince et plus insignifiant que la nature ne l'avait créé.

— Pardon, dit-il, je ne suis qu'un humble apothicaire. Cependant j'ai été élevé à Paris, j'y ai fait mes humanités, et j'y ai suivi mon *Cursus medendi* (2) tout aussi bien que certaines gens qui prennent le titre de

---

(1) Armoiries des Douglas. — Éd.
(2) Cours de médecine — Éd.

doctes médecins : je crois que je puis sonder cette blessure, et la traiter avec des émolliens. Voici notre ami, Simon Glover, qui, comme vous le savez tous, est un homme respectable. Croyez-vous qu'il ne serait pas le plus empressé de nous à adopter des mesures de sévérité dans une affaire qui touche de si près l'honneur de sa famille ? et puisqu'il paraît ne pas se soucier de porter une accusation contre ces tapageurs, réfléchissez s'il n'est pas possible qu'il ait quelque bonne raison qu'il ne juge pas à propos de mettre au jour, pour laisser cette affaire s'assoupir. Ce n'est pas à moi à mettre le doigt sur la plaie ; mais, hélas ! nous savons tous que les jeunes filles sont ce que j'appelle des essences qui s'évaporent aisément. Or, supposez qu'une honnête fille, en toute innocence j'entends, laisse sa fenêtre entr'ouverte le matin de la Saint-Valentin, pour que quelque galant cavalier, en tout bien et tout honneur j'entends, puisse devenir son Valentin; supposez ensuite que le galant soit découvert ; ne peut-elle pas pousser des cris comme si elle n'eût pas attendu cette visite, et... et... broyez tout cela dans un mortier, et voyez ensuite si ce qui en sortira sera de nature à porter la ville à se faire une querelle avec qui que se soit.

L'apothicaire prononça son discours du ton le plus insinuant, mais sa petite taille sembla diminuer encore quand il vit le sang monter aux joues du vieux Glover, et la flamme de la colère briller sur le front du redoutable armurier. Celui-ci s'avançant, et jetant un regard furieux sur l'apothicaire alarmé, s'écria : — Squelette ambulant ! vieil asthmatique ! empoisonneur de profession ! si je croyais que le souffle pestiféré de tes infâmes paroles pût nuire un instant à la renommée sans tache de Catherine Glover, je te pulvériserais dans ton propre mortier, indigne empirique, et je battrais ta misérable carcasse avec de la fleur de soufre, la seule drogue non falsifiée qui se trouve dans ta boutique, pour en faire un onguent pour en frotter les chiens galeux.

— Silence, mon fils Henry, silence! dit le gantier; personne que moi n'a le droit de parler à ce sujet. — Digne bailli Craigdallie, puisque c'est ainsi qu'on interprète ma modération, je suis déterminé à poursuivre cette affaire jusqu'au bout; et quoique le résultat puisse prouver que nous aurions mieux fait de nous tenir tranquilles, on verra du moins que ma fille n'a donné lieu à ce grand scandale ni par folie ni par légèreté.

Le bailli intervint à son tour. — Voisin Henry, dit-il, nous sommes assemblés ici pour délibérer, et non pour nous quereller. Comme un des magistrats de notre belle ville, je te commande d'abjurer toute rancune et tout ressentiment contre maître Dwining, l'apothicaire.

— C'est un trop pauvre hère pour que je pense à lui, bailli, répondit Smith. Un coup de mon marteau, et c'en serait fait de lui et de sa boutique.

— Silence donc, et écoutez-moi, dit le dignitaire. Nous croyons tous à l'honneur de la Jolie Fille de Perth, comme à celui de Notre-Dame ; — et ici il fit un signe de croix ; — mais quant à l'appel à notre prévôt, êtes-vous tous d'avis, voisins, de lui remettre cette affaire entre les mains, vu qu'il s'agit, comme il est à craindre, de quelque noble puissant?

— Le prévôt étant lui-même un de nos nobles, dit l'apothicaire dont la terreur avait un peu diminué quand il avait entendu le bailli intervenir en sa faveur, Dieu sait que je n'ai pas intention de dire la moindre chose contre un seigneur dont les ancêtres ont rempli pendant tant d'années la place qu'il occupe aujourd'hui, mais...

— Par le choix libre des citoyens de Perth, dit Smith interrompant l'orateur en faisant entendre le son de sa voix forte.

— Sans doute, reprit l'apothicaire déconcerté, par le suffrage des citoyens. Comment cela pourrait-il être autrement? — Je vous prie de ne pas m'interrompre, ami Smith; je parle à notre digne bailli Craigdallie, et je lui fais connaître mes pauvres idées. Je dis que, quoi qu'il en puisse arriver, sir Patrice Charteris est un noble, et que les faucons n'arrachent pas les yeux aux faucons. Il peut nous soutenir dans une querelle contre les montagnards, et prendre parti contre eux comme notre chef et notre prévôt; mais la question est de savoir si, lui qui porte de la soie, sera disposé à embrasser notre cause contre des habits brodés et du drap d'or, comme il l'a fait contre le tartan et la frise d'Irlande. Suivez l'avis d'un fou. Nous avons sauvé notre Jolie Fille, dont je n'ai jamais eu dessein de mal parler, puisque je ne connais pas de mal à en dire; ils ont perdu au moins la main d'un homme, grace à Henry Smith.

— Et à moi, dit le petit important marchand bonnetier.

— Et à Olivier Proudfute, comme il nous le dit, ajouta l'apothicaire qui ne contestait la gloire de personne, pourvu qu'on ne le forçât point à marcher sur le sentier périlleux de ceux qui l'avaient acquise. Je dis, voisins, que, puisqu'ils nous ont laissé une main comme un gage qu'ils ne reviendront jamais dans Curfew-Street, il me semble, dans la simplicité de mon esprit, que ce que nous avons de mieux à faire, c'est d'adresser nos remerciemens à notre brave concitoyen Henry, et attendu que tout l'honneur a été pour la ville, et toute la perte pour ces tapageurs, de laisser l'affaire s'assoupir et de n'en plus parler.

Ce conseil pacifique fit impression sur quelques-uns des bourgeois, qui commencèrent à faire des signes de tête d'approbation, et à regarder d'un air grave l'avocat de la modération, dont Simon Glover lui-même semblait partager l'opinion, quoiqu'il se fût trouvé offensé un moment auparavant. Mais il n'en fut pas de même de Henry Smith, et voyant que personne ne se disposait à parler, il prit la parole avec sa franchise ordinaire.

— Voisins, dit-il, je ne suis ni le plus âgé ni le plus riche de vous, et je n'en suis pas fâché. Les années viendront à celui qui vivra pour les voir, et je puis gagner et dépenser mon argent comme un autre, à la lueur de ma fournaise et au vent de mon soufflet. Mais personne ne m'a jamais vu rester tranquille, lorsqu'on a fait tort à notre belle ville en paroles ou en actions, s'il était au pouvoir de la langue et du bras d'un homme d'en faire justice. Je ne supporterai donc pas tranquillement un tel outrage, si je puis faire mieux. J'irai trouver le prévôt moi-même, quand je devrais y aller seul. C'est un chevalier, je le sais ; c'est un noble de père en fils, comme nous le savons tous, depuis le temps de Wallace, qui a établi en ce pays le bisaïeul de sir Patrice. Mais quand il serait le noble le plus fier de tout le pays, il est prévôt de Perth, et il doit veiller à la conservation des privilèges et immunités de la ville. Oui, et je sais qu'il le fera; je lui ai fait une cuirasse en acier, et je puis me douter quelle espèce de cœur elle était destinée à couvrir.

— Certainement, dit le bailli Craigdallie, il ne servirait à rien de nous présenter à la cour sans l'appui de sir Patrice Charteris. La réponse à nous faire serait toute prête : Allez trouver votre prévôt, bourgeois malappris? Ainsi, voisins et concitoyens, si vous êtes de mon avis, l'apothicaire Dwining et moi nous nous rendrons sur-le-champ à Kinfauns, avec Simon Glover, le brave Smith et le vaillant Olivier Proudfute, comme témoins de l'outrage; et nous parlerons à sir Patrice Charteris au nom de notre belle ville.

— Oh! dit le pacifique vendeur de médecines, laissez-moi en arrière, je vous prie; je n'ai pas assez d'audace pour parler devant un chevalier.

— N'importe, voisin, reprit le bailli, il faut que tu viennes avec nous. Toute la ville me regarde encore comme une tête chaude, malgré mes soixante ans; Simon Glover est la partie offensée; nous savons tous que Henry Gow détruit plus d'armures avec sa lame qu'il n'en fait avec son marteau, et notre voisin Proudfute, qui, d'après lui-même, se trouve au commencement et à la fin de toutes les querelles qui ont lieu dans la ville de Perth, est par conséquent un homme prompt à agir. Il nous faut au moins avec nous un avocat de la paix et de la tranquillité, et c'est toi, Dwining, qui dois jouer ce rôle. — Allons, Messieurs, mettez vos bottes, préparez vos chevaux. — A cheval, vous dis-je, et nous nous rejoindrons à la porte de l'Orient! c'est-à-dire, voisins, si c'est votre bon plaisir de nous confier cette mission.

— On ne peut mieux parler! Nous y consentons tous, s'écrièrent tous les bourgeois. Si le prévôt prend fait et cause pour nous, comme la belle ville a droit de s'y attendre, nous pouvons attacher le grelot au cou du chat; le plus fier de ces nobles ne nous fera pas peur.

— Eh bien, voisins, dit le bailli, soit fait comme il vient d'être dit. J'ai convoqué pour cette heure le conseil général de la ville, et comme je vois ici un grand nombre de membres qui ont décidé qu'il fallait avoir recours au prévôt, je ne doute pas que les autres ne partagent la même opinion. Ainsi donc, voisins et braves bourgeois de la belle ville de Perth, à cheval, dis-je encore, et venez me trouver à la porte de l'Orient.

Une acclamation générale termina la séance de cette espèce de conseil privé, et les bourgeois se dispersèrent, les uns pour se préparer à partir, les autres pour aller rendre compte à leurs femmes et à leurs filles impatientes des mesures qu'on venait de prendre pour que leurs chambres fussent désormais à l'abri des entreprises des galans à des heures indues.

Tandis qu'on bride les chevaux, et que le conseil de la ville discute, ou plutôt met en forme légale les mesures que les principaux membres de ce corps avaient déjà adoptées, il peut être nécessaire, pour l'instruction de quelques lecteurs, d'expliquer distinctement certaines choses auxquelles il n'a été fait allusion qu'indirectement dans la discussion qui précède.

A cette époque où la puissance de l'aristocratie féodale méprisait les droits des villes royales d'Écosse, et violait souvent leurs privilèges, c'était l'usage que ces villes, quand la chose était praticable, choisissent leur prévôt, c'est-à-dire leur premier magistrat, non parmi les négocians, marchands et citoyens qui habitaient la ville et qui remplissaient les places inférieures de la magistrature, mais parmi les nobles ou barons qui demeuraient dans les environs. On attendait de celui qui était élu à ce poste éminent qu'il fût à la cour le protecteur de la ville dans tout ce qui en concernait les intérêts, qu'il en commandât la milice, soit quand elle servait la couronne dans une guerre, soit quand elle combattait pour quelque querelle particulière de la ville, et qu'il la renforçât de ses propres vassaux. La protection ainsi accordée n'était pas toujours gratuite. Les prévôts profitaient quelquefois de leur dignité jusqu'à en abuser ; ils obtenaient des concessions de terres et de maisons appartenant à la commune, et faisaient ainsi payer fort cher aux citoyens, aux dépens de la propriété publique, les services qu'ils leur rendaient. D'autres se contentaient de recevoir l'assistance des habitans dans leurs propres querelles féodales, avec toute autre marque de respect et de reconnaissance que les villes sur lesquelles ils présidaient étaient disposées à leur accorder pour s'assurer leur coopération active en cas de nécessité. Le baron qui était protecteur régulier d'une ville en recevait sans scrupule ces offrandes volontaires, et en rendait la valeur en défendant les droits de la ville par son éloquence dans le conseil, et par ses hauts faits sur le champ de bataille.

Les citoyens de la ville, ou, comme ils préféraient la nommer, de la belle ville de Perth, avaient, depuis plusieurs générations, trouvé un protecteur, un prévôt de cette espèce, dans la noble famille des Charteris, seigneurs de Kinfauns, dans le voisinage de la ville. A peine un siècle s'était-il passé (sous le règne de Robert III (1)), depuis que le premier individu de cette famille distinguée s'était établi dans le château-fort qui lui appartenait alors, ainsi que le territoire fertile et pittoresque qui l'entourait. Mais l'histoire de celui qui s'était ainsi fixé le premier dans ce canton, avait une couleur chevaleresque et romanesque bien faite pour faciliter l'établissement d'un étranger dans le pays où le destin l'avait conduit. Nous la rapporterons telle que la donne une tradition ancienne et uniforme, qui renferme une grande apparence de vérité, et qui est peut-être assez authentique pour mériter de trouver place dans des ouvrages plus graves que celui qui est en ce moment sous les yeux du lecteur.

Pendant la courte carrière de l'illustre patriote sir William Wallace, et lorsque ses armes eurent, pour un temps, chassé de son pays natal les Anglais qui l'avaient envahi, on dit qu'il entreprit un voyage en France avec quelques amis sûrs, pour voir si sa présence (car sa prouesse le faisait respecter en tout pays) pourrait déterminer le monarque français à envoyer en Écosse un corps de troupes auxiliaires, ou quelques autres secours, pour aider les Ecossais à reconquérir leur indépendance.

Le champion écossais était à bord d'un petit bâtiment qui se dirigeait vers le port de Dieppe, quand on aperçut dans le lointain une voile que les marins regardèrent d'abord avec doute et inquiétude, puis avec

---

(1) Wallace et Bruce dataient du commencement du quatorzième siècle. Robert III régna depuis 1390 jusqu'à 1423. — Éd.

crainte et terreur. Wallace demanda quelle était la cause de leurs alarmes. Le capitaine du navire l'informa que le grand vaisseau qui s'avançait vers eux dans le dessein de prendre à l'abordage celui qu'il commandait appartenait à un célèbre corsaire, également fameux par son courage, sa force de corps, et la faveur constante que lui accordait la fortune. Il était commandé par un gentilhomme français, nommé Thomas de Longueville, devenu un de ces pirates qui se proclamaient amis de la mer, et ennemis de tous ceux qui faisaient voile sur cet élément. Il attaquait et pillait les bâtimens de toutes les nations, comme un de ces anciens Norses (1), Rois de la Mer, comme on les appelait, et dont le trône était placé sur les montagnes humides des vagues. Le capitaine ajouta qu'aucun navire ne pouvait échapper au corsaire par la fuite, tant le vaisseau qu'il montait était bon voilier, et qu'aucun équipage, quelque brave qu'il fût, ne pouvait espérer de lui résister quand il en venait à l'abordage à la tête de ses gens, ce qui était sa manœuvre ordinaire.

Wallace sourit amèrement, tandis que le capitaine, avec un air effrayé, et les larmes aux yeux, lui annonçait la certitude qu'ils seraient pris par le Corsaire Rouge, nom qu'on avait donné à Thomas de Longueville, parce qu'il arborait ordinairement le pavillon couleur de sang qu'on voyait déjà déployé.

— Je délivrerai la Manche de ce corsaire! dit Wallace.

Appelant alors près de lui douze des amis qui l'avaient

---

(1) On trouve dans *le Pirate* de fréquentes allusions à ces corsaires de la Scandinavie. — Éd.

accompagné, Boyd, Kerlie, Seton, et autres pour qui la poussière du combat le plus terrible était comme le souffle de la vie, il leur ordonna de s'armer et de se coucher sur le tillac de manière à ne pouvoir être vus. Il fit descendre tous les marins sous le pont, à l'exception de ceux qui étaient absolument nécessaires à la manœuvre du bâtiment, et commanda au maître, sous peine de mort, de manœuvrer de manière à avoir l'air de fuir, tout en laissant au Corsaire Rouge la facilité de joindre le bâtiment. Wallace lui-même se coucha alors sur le pont, pour qu'on ne pût rien voir qui indiquât des projets de résistance. Au bout d'un quart d'heure le vaisseau de Longueville arriva près de celui du champion écossais. Le corsaire jeta ses grappins pour s'assurer de la prise, et sauta à bord, armé de pied en cap, suivi de ses gens, qui poussèrent un cri terrible, comme si la victoire leur eût déjà été assurée. Mais les Écossais armés se relevèrent sur-le-champ, et le Corsaire Rouge trouva inopinément qu'il avait à combattre des gens qui regardaient la victoire comme certaine quand chacun d'eux n'avait affaire qu'à deux ou trois adversaires. Wallace se précipita lui-même contre le pirate, et une lutte si terrible commença entre eux, que tous les autres cessèrent de se battre pour en être spectateurs, semblant, par un commun accord, remettre la décision de la querelle aux deux vaillans chefs. Le corsaire combattit aussi bien qu'un homme pouvait le faire, mais Wallace avait plus que la vigueur d'un homme. Il fit sauter l'épée des mains du pirate, et le mit en un tel péril, qu'il n'eut d'autre ressource pour éviter la mort que de se jeter sur le champion écossais pour tâcher de le vaincre à la lutte : il échoua encore dans ce dessein. Ils tombèrent tous deux sur le tillac, enlacés dans les bras l'un de l'autre; mais Wallace maintint le dessus, et portant la main sur le hausse-col de son adversaire, il le serra si fortement, quoiqu'il fût fait du meilleur acier, qu'il lui fit jaillir le sang par les yeux, par le nez et par la bouche, et ce ne fut que par signes que le corsaire put demander quartier.... Ses gens jetèrent bas les armes, et implorèrent merci, quand ils virent leur chef à la disposition du vainqueur. Wallace leur accorda la vie à tous, mais il les retint prisonniers, et s'empara de leur vaisseau.

Quand il fut en vue du port de Dieppe, Wallace alarma cette ville en déployant le pavillon du corsaire, comme si De Longueville arrivait pour mettre la ville au pillage. On sonna le tocsin, le son des cors donna l'alarme, et les citoyens couraient aux armes quand la scène changea. Le lion d'Écosse sur son champ d'or fut arboré au-dessus de la bannière du pirate, et annonça que le champion écossais s'approchait comme un faucon tenant sa proie dans ses serres. Il débarqua avec son prisonnier, le conduisit à la cour de France, où, à sa prière, le roi pardonna à De Longueville toutes les pirateries qu'il avait commises, et lui conféra même les honneurs de la chevalerie, en lui offrant de lui donner du service. Mais le corsaire avait contracté une telle amitié pour son généreux vainqueur, qu'il voulut unir sa fortune à celle de Wallace. Il retourna avec lui en Écosse, combattit à son côté dans bien des batailles sanglantes, et donna des preuves d'une prouesse qui ne le cédait à personne si ce n'est au héros écossais. Son destin fut plus heureux que celui de son ami. Distingué par un bel extérieur comme par une force et une valeur à toute épreuve, sir Thomas de Longueville obtint les bonnes graces d'une jeune demoiselle de l'ancienne famille de Charteris, qui le choisit pour époux et lui apporta en mariage le beau château de Kinfauns et tous les domaines dépendans de cette baronnie. Leurs descendans prirent le nom de Charteris, comme étant celui de leurs ancêtres maternels, anciens propriétaires de leurs biens, quoique le nom de Thomas de Longueville fût également honoré parmi eux. La grande épée dont il se servait dans les batailles est encore conservée dans la famille. Une autre tradition dit que De Longueville lui-même se nommait Charteris. Ce domaine passa ensuite dans la famille de Blair, et il appartient aujourd'hui à lord Gray.

Ces barons de Kinfauns avaient rempli de père en fils, pendant plusieurs générations, les fonctions de prevôt de Perth, le voisinage du château et de la ville rendant cet arrangement convenable aux deux parties pour se soutenir mutuellement. Sir Patrice Charteris, dont il est question dans cette histoire, avait plus d'une fois combattu à la tête des habitans de Perth dans des escarmouches contre les incorrigibles maraudeurs des montagnes, et contre d'autres ennemis étrangers et domestiques. Il est vrai qu'il était souvent fatigué des plaintes légères et frivoles qu'on portait devant lui sans nécessité, en le priant d'y faire droit. C'était ce qui l'avait fait quelquefois accuser d'avoir trop de fierté comme noble, trop d'indolence comme riche, et comme adonné aux plaisirs de la chasse et à ceux de l'hospitalité féodale, pour se mettre en avant, dans toutes les occasions, avec autant d'activité que la belle ville l'aurait désiré. Mais, quoiqu'il en résultât quelques murmures, les citoyens, quand ils avaient quelque cause sérieuse d'alarmes, n'en avaient pas moins coutume de se rallier autour de leur prévôt, et celui-ci les soutenait avec chaleur de sa tête et de son bras.

CHAPITRE VIII.

Ayant, dans notre dernier chapitre, tracé l'esquisse du caractère de sir Patrice Charteris, prévôt de Perth, et fait connaître sa qualité, nous allons rejoindre la députation qui devait se réunir à la porte de l'Orient pour se rendre à Kinfauns et porter ses plaintes à ce dignitaire.

Le premier qui arriva au rendez-vous fut Simon Glover, monté sur un palefroi tranquille qui avait quelquefois l'honneur de porter une charge plus belle et moins lourde, en la personne de sa charmante fille. Son manteau lui couvrait le bas du visage, soit pour indiquer à ses amis qu'ils ne devaient l'interrompre par aucunes questions pendant qu'il traversait les rues, soit peut-être aussi à cause du froid qu'il faisait. Son front était chargé d'une profonde inquiétude, comme si l'affaire dans laquelle il se trouvait engagé lui eût paru plus difficile et plus dangereuse à mesure qu'il y réfléchissait davantage. Il ne salua ses amis, quand ils arrivèrent au rendez-vous, que par un geste silencieux.

Un vigoureux cheval noir, de l'ancienne race de Galloway (1), de petite taille, n'ayant pas plus de quatorze paumes, mais les épaules hautes, et les membres robustes, bien découplés et arrondis, amena le brave armurier à la porte de l'Orient. Un connaisseur aurait pu remarquer dans l'œil de cet animal une étincelle de ce caractère vicieux qui accompagne fréquemment la forme la plus vigoureuse et la plus capable de soutenir la fatigue; mais le poids du cavalier, sa main habile, et la manière dont il se tenait en selle, ainsi que l'exercice que le coursier avait fait récemment pendant un long voyage, en avaient dompté quant à présent l'opiniâtreté. Il était accompagné de l'honnête bonnetier, qui étant, comme le lecteur en est informé, un petit homme assez chargé d'embonpoint, s'était planté comme une pelotte rouge, — car il était enveloppé d'un manteau écarlate sur lequel il avait jeté en bandoulière une gibecière de fauconnerie, — au faîte d'une grande selle sur laquelle on aurait pu dire qu'il était perché plutôt que monté. La selle qui portait le cavalier était attachée par une sangle sur l'épine du dos d'une jument flamande ayant les naseaux en l'air comme un chameau, et dont chaque pied, surmonté d'une énorme touffe de poils, se terminait par un large sabot. Le contraste entre la monture et le cavalier était tellement extraordinaire, que tandis que les passans qui le voyaient par hasard s'étonnaient que celui-ci eût pu monter sur l'autre, ses amis

---

(1) Les *Galloways* ou chevaux du comté de Galloway sont, dit-on, d'une race d'Espagne ou moresque : ce sont de petits chevaux pleins d'ardeur, généralement bruns avec une raie noire sur l'épine du dos. — Éd.

étaient inquiets du danger qu'il courrait pour en descendre ; car les pieds du cavalier juché si haut n'atteignaient pas le bas de la garniture de sa selle. Il avait épié le départ de Smith dans le dessein de se joindre à lui, car Olivier Proudfute pensait que les hommes actifs et courageux se montraient avec plus d'avantage quand ils étaient ensemble, et il fut enchanté quand un espiègle de la classe inférieure conserva assez de gravité pour s'écrier sans éclater de rire : — Voilà l'orgueil de Perth ! — Voilà les deux vaillans bourgeois, le brave armurier Smith, et l'intrépide bonnetier !

Il est vrai que le jeune drôle qui faisait entendre ces acclamations poussait sa langue contre sa joue, en faisant un signe d'intelligence à quelques autres vauriens de son espèce ; mais comme le fabricant de bonnets ne voyait pas cet *à parte*, il lui jeta généreusement un sou d'argent, pour l'encourager à montrer du respect pour les hommes d'humeur belliqueuse. Cet acte de munificence les fit suivre d'une foule d'enfans qui riaient en poussant de grands cris ; mais enfin Henry Smith, se retournant, menaça le plus avancé d'entre eux de le châtier de sa houssine, menace dont aucun d'eux ne jugea à propos d'attendre l'exécution.

— Voici les trois témoins réunis, dit le petit homme monté sur le grand cheval, en arrivant près de Simon Glover ; mais où sont ceux qui doivent nous soutenir ? Ah ! frère Henry ! l'autorité est un fardeau qui convient mieux à un âne qu'à un coursier plein d'ardeur. Elle ne ferait qu'entraver les mouvemens de jeunes gens tels que vous et moi.

— Je désirerais, digne maître Proudfute, répondit

Henry que vous fussiez chargé de quelque partie de ce poids, quand ce ne serait que pour vous tenir ferme sur votre selle, car vous faites des bonds comme si vous dansiez une gigue sans le secours de vos jambes.

— Oui, oui, je me lève sur mes étriers pour éviter les secousses. Ma jument a le trot cruellement dur; mais elle m'a porté dans les plaines et dans les forêts; elle m'a tiré d'affaire dans des occasions qui n'étaient pas sans danger; ainsi Jézabel et moi nous ne nous séparerons pas. Je l'ai nommée Jézabel d'après la princesse de Castille.

— Je suppose que vous voulez dire Isabelle.

— Oui, oui; Isabelle, Jézabel, c'est la même chose, comme vous savez. Mais voici enfin le bailli Craigdallie qui arrive avec cette pauvre créature, ce poltron d'apothicaire. Ils ont amené deux gardes de la ville avec leurs pertuisanes pour garder leurs précieuses personnes sans doute. S'il y a quelqu'un au monde que je déteste cordialement, c'est ce varlet rampant de Dwining.

— Prenez garde qu'il ne vous entende parler ainsi, maître bonnetier. Je vous réponds que ce squelette animé est plus dangereux que ne le seraient vingt gaillards déterminés comme vous.

— Bah! bah! Smith. vous voulez rire à mes dépens, dit Olivier, mais en baissant la voix, et en jetant un regard sur l'apothicaire, comme pour voir quel était celui de ses membres décharnés, quel était le trait de son visage maigre et blême, qui pouvaient donner à craindre quelque danger de sa part; et cet examen l'ayant rassuré, il ajouta hardiment: — Sabres et boucliers! une douzaine de drôles comme ce Dwining ne me feraient pas peur. Que pourrait-il faire à un homme ayant du sang dans les veines?

— Il pourrait lui donner une dose de ses drogues, répondit l'armurier d'un ton sec.

Ils n'eurent pas le temps d'en dire davantage, car le bailli Craigdallie arrivant, les invita à se mettre en marche vers Kinfauns, et leur en donna lui-même l'exemple. Tandis qu'ils avançaient au pas, la conversation roula sur l'accueil qu'ils devaient attendre de leur prévôt, et sur l'intérêt qu'ils pouvaient croire que ce dignitaire prendrait à l'affaire dont ils allaient l'entretenir. Le gantier semblait plongé dans un accablement complet, et il parla plusieurs fois de manière à donner à entendre qu'il aurait encore voulu qu'on laissât assoupir cette affaire. Il n'exprima pourtant pas très-ouvertement ses sentimens à ce sujet, peut-être parce qu'il craignait que s'il montrait des dispositions trop évidentes à couvrir du silence l'entreprise criminelle qui avait eu lieu, on n'en tirât des conséquences injurieuses à la réputation de sa fille. Dwining était du même avis, mais il parla avec plus de circonspection qu'il ne l'avait fait dans la matinée.

— Après tout, dit le bailli, quand je pense à tous les présens qui ont été envoyés par la bonne ville au lord prévôt, je ne puis croire qu'il montre de la lenteur à se mettre en avant en cette occasion. Plus d'une bonne barque chargée de vins de Bordeaux a remonté le Tay pour porter sa cargaison au château de Kinfauns. J'ai quelque droit d'en parler, puisque c'est moi qui en ai fait l'importation.

— Et moi, dit Dwining avec sa voix aigre, je pourrais parler de confitures exquises, de confections délicates, de gâteaux de toute espèce, et même de pains tout entiers de cet assaisonnement rare et délicieux qu'on appelle sucre, qui sont sortis de nos murs pour orner un festin de noces, de baptême, ou quelque autre solennité semblable. Mais, hélas! bailli Craigdallie, le vin est bu, les confitures sont mangées, et le présent est oublié quand la saveur en est disparue. Hélas! voisin, le banquet des dernières fêtes de Noël est sorti de la mémoire, comme les neiges de l'année dernière ont cessé de frapper les yeux.

— Mais on a envoyé aussi des gants remplis de pièces d'or, dit le magistrat.

— Je dois le savoir, moi qui les ai faits, dit Simon Glover qui mêlait toujours les souvenirs de sa profession à toutes les idées qui pouvaient l'occuper. Il s'y trouvait une paire de gants de chasse au faucon pour milady. Je les avais faits un peu larges, mais Sa Seigneurie n'en a pas été mécontente en considération de la doublure qui devait les remplir.

— Eh bien, dit le bailli, ce que je dis n'en est que plus vrai. Si ce dernier présent n'existe plus, c'est la faute du prévôt et non celle de la ville; car, sous la forme qu'il a été fait, il n'a pu ni se boire ni se manger.

— Je pourrais aussi parler d'une bonne armure, dit Henry Smith; mais, *cogan na schie!* comme dit Jean le Montagnard. Quant à moi, je crois que sir Patrice Charteris remplira son devoir envers la ville en paix comme en guerre; et il est inutile de compter les présens que lui a faits la ville, jusqu'à ce qu'on voie s'il en a perdu le souvenir.

— C'est ce que je dis, s'écria Proudfute du haut de sa grande jument. Nous autres bonnes lames, nous n'avons pas l'esprit assez bas pour compter le vin et les noix que nous donnons à un ami comme sir Patrice Charteris. Croyez-moi, un bon chasseur comme sir Patrice doit regarder comme un grand privilège le droit de chasser sur les terres de la ville, droit qui, à l'exception de Sa Majesté, n'est jamais accordé à noble ni à roturier, et dont jouit seul notre prévôt.

Tandis que le bonnetier parlait encore, on entendit sur la gauche : — *so ! — so ! — waw ! — waw ! — haw !* ce qui est le cri du chasseur à son faucon.

— Je crois, dit l'armurier, que voici un drôle qui use du privilège dont vous parlez, et, à en juger par l'apparence, il n'est ni roi ni prévôt.

— Oui, sur ma foi ! je le vois, dit le bonnetier, qui crut que cette circonstance lui présentait une occasion favorable pour acquérir de l'honneur. Piquons vers lui vous et moi, brave Smith, et demandons-lui de quel droit il chasse sur les terres de la ville.

— Partons donc ! s'écria Henry. Et son compagnon, donnant un coup d'éperon à sa jument, partit en avant, ne doutant pas que Smith ne fût sur ses talons.

Mais Craigdallie retint par la bride le cheval de l'armurier. — Reste à la garde de l'étendard, lui dit-il, et voyons quelle fortune aura notre chevau-léger. S'il se fait donner quelque bon horion, il en sera plus tranquille le reste du jour.

— D'après ce que je vois déjà, répondit Henry, c'est ce qui pourra bien lui arriver. Ce drôle s'arrête pour nous regarder impudemment, comme s'il avait le meilleur droit du monde de chasser sur ces terres. D'après le cheval qu'il monte, son bonnet de fer rouillé, surmonté d'une plume de coq, et son long sabre à deux

mains, il semble être au service de quelque lord du
côté du sud. Il m'a tout l'air d'être un de ces gens qui
demeurent si près de l'Angleterre qu'ils ont toujours la
cuirasse sur la poitrine, et dont les mains sont aussi
libérales de leurs coups que leurs doigts sont crochus
pour le pillage.

Tandis qu'ils raisonnaient ainsi sur les suites de
cette rencontre, le vaillant bonnetier commença à ralentir le pas de Jézabel, pour que Smith, qu'il supposait toujours derrière lui, pût le rejoindre et s'avancer le premier, ou du moins sur le même rang que lui.
Mais quand il le vit à trois cents pas de distance,
arrêté avec ses autres compagnons, la chair du champion de Perth, comme celle du vieux général espagnol, commença à frissonner de crainte des dangers
auxquels son esprit aventureux pouvait l'exposer. Cependant, se rassurant par l'idée du voisinage de ses
amis, espérant que leur nombre intimiderait un braconnier qui se trouvait seul, et honteux de renoncer à
une entreprise dont il s'était volontairement chargé, il
résista à la forte tentation qui le portait à faire faire
volte-face à Jézabel et à retourner de toute la vitesse
de sa monture vers les amis sous la protection desquels
il aurait voulu être encore. Il continua donc à marcher
vers l'étranger, et son alarme augmenta considérablement en le voyant mettre son bidet au grand trot pour
avancer à sa rencontre. En observant ce mouvement,
en apparence offensif, notre héros regarda plus d'une
fois par-dessus son épaule gauche, comme s'il eût voulu
reconnaître le terrain pour battre en retraite, et, en
attendant, il fit halte. Mais le Philistin arriva près de
lui avant que le fabricant de bonnets eût pu se décider

à fuir ou à combattre, et c'était un Philistin à mine de mauvais augure. Il était de grande taille; son visage était balafré par deux ou trois grandes cicatrices; et tout son extérieur lui donnait l'air d'un homme habitué à dire aux passans : — La bourse ou la vie !

Cet individu commença la conversation en s'écriant d'un ton aussi sinistre que ses regards : — Le diable vous emporte, coucou que vous êtes ! Pourquoi venez-vous à travers le marécage pour me troubler dans ma chasse ?

— Digne étranger, répondit notre ami sur le ton d'une remontrance pacifique, je me nomme Olivier Proudfute, bourgeois de Perth et homme respectable; et vous voyez à peu de distance l'honorable Adam Craigdallie, doyen des baillis de la même ville, avec le brave armurier Smith, et trois ou quatre autres hommes armés, qui désirent savoir quel est votre nom, et par quel hasard vous chassez sur les terres de la ville. Je puis néanmoins vous répondre pour eux qu'ils n'ont aucune envie de chercher querelle à un gentilhomme ou à un étranger pour une transgression accidentelle. Seulement leur usage est de ne pas accorder cette permission, à moins qu'elle ne leur soit duement demandée, et... et... C'est pourquoi, digne étranger, je désire savoir quel est votre nom.

L'air méprisant et farouche avec lequel le chasseur avait regardé Olivier Proudfute pendant sa harangue, l'avait grandement déconcerté, et avait complètement changé le caractère de son discours, qui, s'il avait eu Henry Gow à son côté, aurait été probablement d'une tout autre nature.

Quelque modifiée qu'eût été sa question, l'étranger

y répondit par un froncement de sourcils que les cicatrices de sa figure firent paraître encore plus farouche.

—Vous voulez savoir mon nom ? lui dit-il ; je me nomme Dick du Diable, de Hellgart, bien connu dans l'Annandale comme un noble Johnstone (1). Je suis à la suite du brave laird de Wamphray, qui accompagne son parent le redoutable lord de Johnstone, qui marche avec le puissant comte de Douglas ; et le comte, le lord, le laird, et moi son écuyer, nous donnons le vol à nos faucons partout où nous trouvons du gibier, sans en demander la permission à personne.

— Je m'acquitterai de votre message, monsieur, répondit Olivier Proudfute d'un ton assez doux, car il commençait à désirer de se débarrasser de l'ambassade dont il s'était si témérairement chargée ; et il détournait la tête de sa jument, quand l'homme d'Annandale ajouta :

— Et recevez ceci en même temps pour vous souvenir que vous avez rencontré Dick du Diable, et pour vous apprendre à ne pas vous mêler une autre fois de déranger dans sa chasse un homme qui porte l'éperon ailé sur l'épaule (2).

En parlant ainsi, il fit pleuvoir sur la tête et sur le corps du malencontreux bonnetier une grêle de coups de houssine bien appliqués. Quelques-uns tombèrent sur Jézabel, qui, se cabrant sur-le-champ, renversa son cavalier, et courut au galop vers le groupe des bourgeois de Perth.

(1) C'est-à-dire un membre de la famille des Johnstones. — Ép.
(2) Sujet de la vignette du titre de ce volume. — Éd.

Proudfute, étendu par terre, commença à crier au secours d'une voix dont les accens n'avaient rien de bien mâle, et à implorer merci sur un ton plus bas; car son antagoniste, mettant pied à terre dès qu'il le vit renversé, lui appuya sur la gorge la pointe d'un petit couteau de chasse, tandis que de l'autre main il vidait les poches du malheureux bonnetier. Il examina ensuite la gibecière qu'il portait, jurant qu'il en aurait le contenu pour se dédommager de l'interruption apportée à sa chasse. Il en tira la bandoulière avec tant de violence, au lieu de détacher la boucle qui la retenait, qu'il en rompit la courroie, violence qui ajouta encore à la terreur de l'infortuné citoyen de Perth. N'ayant apparemment trouvé dans la gibecière rien qui tentât sa cupidité, il la rejeta avec dédain, et laissant le cavalier démonté se relever, il remonta lui-même sur son bidet, et jeta un coup d'œil sur les compagnons du bonnetier qui étaient alors en marche pour avancer vers lui.

Quand leur délégué tomba de cheval, ils avaient commencé par en rire, les fanfaronnades de Proudfute les ayant disposés à s'égayer en voyant, comme le dit Henry Smith, leur Olivier trouver un Roland (1). Mais quand ils virent l'adversaire du bonnetier se pencher sur lui, et le traiter de la manière que nous venons de décrire, l'armurier ne put y tenir plus long-temps. — Maître bailli, s'écria-t-il, sauf votre bon plaisir, je ne puis endurer de voir un de nos concitoyens battu, volé,

---

(1) Roland et Olivier étaient deux chevaliers de renom. « Trouver un Roland pour un Olivier, » est un proverbe anglais signifiant trouver à qui parler. *A bon rat bon chat.* — Tr.

et peut-être assassiné devant nos yeux. C'est un malheur pour notre voisin Proudfute, mais c'est une honte pour notre belle ville et pour nous. Il faut que j'aille à son secours.

— Nous y marcherons tous, répondit Craigdallie; mais que personne ne frappe un seul coup sans que j'en donne l'ordre. Nous avons déjà, comme cela est à craindre, plus de querelles sur les bras que nous n'en pouvons porter. C'est pourquoi je vous ordonne à tous, et particulièrement à vous, Henry Gow, au nom de la belle ville, de ne vous servir de vos armes que pour vous défendre. Ils s'avancèrent donc tous en corps, et la vue d'un tel nombre d'hommes armés éloigna le pillard de sa proie. Il s'arrêta pourtant à quelque distance pour les regarder, comme le loup qui, quoiqu'il fasse retraite devant les chiens, ne peut pourtant se décider à une fuite complète.

Henry, voyant cet état de choses, donna un coup d'éperon à son cheval et se porta en avant de ses compagnons vers la scène du désastre d'Olivier Proudfute. Son premier soin fut d'arrêter Jézabel par la bride; son second de la reconduire vers son maître, qui s'avançait vers lui, ses habits couverts de boue et ses yeux pleins de larmes arrachées par la douleur et la mortification. Il offrait un aspect si différent de son air d'importance, de jactance et d'ostentation, que l'honnête armurier ne put s'empêcher d'éprouver de la compassion pour le petit homme, et quelques remords pour l'avoir laissé exposé à cet accident. Il n'est personne, je crois, qui ne trouve quelque plaisir à une mauvaise plaisanterie; la différence c'est qu'un homme méchant goûte sans remords l'amusement qu'il y trouve, tandis que celui qui est doué d'un meilleur naturel oublie bientôt le côté ridicule de la chose, pour ne songer qu'à la peine de celui qui souffre.

— Que je vous aide à vous remettre en selle, voisin, dit Smith en descendant de cheval pour aider Olivier à grimper sur sa jument à peu près comme aurait pu le faire un singe.

— Que Dieu vous pardonne de ne pas m'avoir soutenu, voisin Smith! Je ne l'aurais jamais cru, quand cinquante témoins dignes de foi me l'auraient attesté sous serment.

Telles furent les premières paroles, prononcées avec plus de chagrin que de colère, par lesquelles Olivier déconcerté exhala ses plaintes.

— Le bailli retenait mon cheval par la bride. Et d'ailleurs, dit Henry avec un sourire qui lui échappa en dépit de sa compassion, je croyais que vous m'auriez reproché de vouloir vous dérober une partie de votre honneur, si j'étais venu vous aider contre un homme seul. Mais consolez-vous, le brigand a profité de ce que votre cheval s'est montré rétif.

— C'est la vérité! c'est la vérité! dit Olivier, saisissant avec empressement cette excuse.

— Et voilà ce malfaiteur qui se réjouit du mal qu'il a fait, et qui triomphe de votre chute, comme le roi du roman, qui jouait du violon pendant qu'une ville était en flammes (1). Viens avec moi, et tu verras comme nous l'arrangerons. Viens, viens! Ne crains pas que je t'abandonne pour cette fois.

---

(1) On avait mis en roman toute l'histoire ancienne, car il est ici question de Néron. — Éd.

A ces mots il saisit la bride de Jézabel, et la faisant galoper à côté de son cheval, sans donner à Olivier le temps de lui dire que cette poursuite n'était pas de son goût, il courut vers Dick du Diable, qui s'était arrêté sur une petite hauteur à quelque distance. Cependant le noble Johnstone, soit qu'il jugeât que le combat serait inégal, soit qu'il crût en avoir assez fait pour un jour, fit claquer ses doigts et étendit le bras avec un air de bravade, après quoi il fit entrer son cheval dans le marécage voisin, dans lequel il semblait se diriger avec l'instinct d'un canard sauvage, faisant voltiger son leurre autour de sa tête, et sifflant son faucon, quoique tout autre cheval et tout autre cavalier eussent couru le risque de s'enfoncer dans quelque fondrière, de manière à ne pouvoir s'en tirer.

— Voilà un vrai maraudeur de marécage, s'écria l'armurier. Le drôle combattra ou fuira, suivant son bon plaisir, et il est aussi inutile de le poursuivre que si c'était une oie sauvage. Il vous a pris votre bourse sans doute, car ces brigands ne s'en vont jamais que les mains pleines?

— Ou... oui, dit Proudfute d'un ton mélancolique; il m'a pris ma bourse, mais ce n'est que demi-mal, puisqu'il m'a laissé ma gibecière.

— Sans doute, la gibecière eût été pour lui un emblême de victoire, un trophée, comme disent les ménestrels.

— Il s'y trouve quelque chose de plus important, l'ami, dit Olivier d'un ton expressif.

— Oui? tant mieux, voisin. J'aime à vous entendre reprendre votre ton magistral. Allons, consolez-vous? vous avez vu fuir le coquin, et vous avez regagné les trophées que vous aviez perdus quand vous vous trouviez sans défense.

— Ah! Henry Gow!... Henry Gow! s'écria le bonnetier. Et il s'interrompit en poussant un profond soupir, qui aurait pu passer pour un gémissement.

— Qu'y a-t-il donc? qu'avez-vous encore qui vous tourmente?

— J'ai quelque soupçon, mon cher Henry Smith, que le misérable s'est enfui parce qu'il a eu peur de vous, et non de moi.

— N'en croyez rien. Il a vu deux hommes, et il s'est enfui. Qui peut dire si sa fuite a été causée par l'un ou par l'autre? D'ailleurs il connaît par l'expérience combien vous êtes vigoureux et agile. Nous avons tous vu comme vous vous êtes escrimé des pieds et des jambes pendant que vous étiez étendu par terre.

— Vraiment? dit le pauvre Proudfute, je ne m'en souviens pas. Mais je sais que c'est mon côté fort. Je suis un fier homme quant aux reins. Mais l'ont-ils vu tous?

— Aussi bien que moi, répondit Smith, étouffant avec peine une envie de rire.

— Et vous le leur rappellerez.

— Bien certainement, ainsi que la poursuite désespérée que vous venez de faire. Écoutez bien ce que je dirai au bailli Craigdallie, et faites-en votre profit.

— Ce n'est pas que j'aie besoin d'aucun témoignage en ma faveur, car je suis naturellement aussi brave que la plupart des bourgeois de Perth; seulement..... L'homme brave n'acheva pas sa phrase.

— Seulement quoi? demanda Henry.

— Seulement je crains d'être tué. Vous sentez, Smith,

qu'il serait fâcheux de laisser au dépourvu une jolie femme et une jeune famille. Vous le sentirez encore mieux quand vous serez dans le même cas. Vous verrez que le feu de votre courage s'amortira.

— Cela n'est pas impossible, dit l'armurier d'un ton pensif.

— Ensuite, je suis tellement habitué au maniement des armes, et j'ai la respiration si libre, que peu de gens peuvent jouter contre moi. Voyez, ajouta le petit homme en poussant en avant sa poitrine, comme celle d'un poulet prêt à mettre à la broche, et en y passant la main, il y a place ici pour tout le mécanisme du souffle.

—J'ose dire que vous avez l'haleine longue. Du moins vos discours le prouvent.

— Mes discours! vous voulez gouailler. Mais j'ai fait venir de Dundee le tableau de couronnement d'un *Dromond*, et...

— Le tableau de couronnement d'un Drummond! s'écria l'armurier. En conscience, maître Olivier, cela vous fera tomber sur les bras tout le clan; et ce n'est pas le moins vindicatif des montagnes, à ce que j'ai entendu dire.

— Par saint André! Henry, vous ne me comprenez pas. Je vous parle d'un dromond, qui est un grand navire. J'ai fait tailler et reprendre ce tableau de couronnement, de manière à lui donner à peu près la forme d'un soudan ou d'un Sarrasin. Je l'ai fait placer et sceller bien solidement dans ma cour, et je m'évertue contre lui des heures entières, en lui portant des coups de taille et d'estoc avec mon épée à deux mains.

— Cela doit vous rendre familier l'usage de cette arme.

— Sans contredit; et quelquefois je place un bonnet, — un vieux bonnet, bien entendu, — sur la tête de mon soudan, et je le fends d'un coup si bien appliqué qu'il ne lui restera bientôt plus de crâne.

— Cela est malheureux, car vous perdrez votre pratique. Mais qu'en direz-vous, maître bonnetier? Je mettrai un jour mon casque et ma cuirasse, et vous me traiterez comme votre soudan, pourvu que vous m'accordiez l'usage de mon épée pour parer vos coups et vous les rendre. Cela vous convient-il?

— Nullement, mon cher ami; je ne voudrais pas vous faire tant de mal. D'ailleurs, pour vous dire la vérité, je frappe avec plus de certitude sur un casque ou un bonnet quand il est placé sur la tête de mon soudan. — Oh! alors je suis sûr de l'abattre. Mais quand je le vois surmonté d'un panache qui brandille, que deux yeux pleins de feu brillent sous l'ombre de la visière, enfin que j'ai devant moi un adversaire qui se meut en avant et en arrière, de droite et de gauche, comme s'il dansait, j'avoue que cela me rend la main moins sûre.

— Mais si quelqu'un voulait se tenir immobile devant vous comme votre soudan, vous joueriez le rôle de tyran avec lui, maître Proudfute?

— Avec le temps et la pratique, je crois que je le pourrais. Mais nous voici près de nos compagnons. Le bailli Craigdallie a l'air d'avoir de l'humeur, mais ce n'est pas son genre de colère qui m'effraie.

Il est bon que vous sachiez, ami lecteur, qu'aussitôt que le bailli et ceux qui l'accompagnaient virent que l'armurier avait rejoint le bonnetier désarçonné, et que l'étranger avait battu en retraite, ils ne se donnèrent pas la peine d'avancer plus loin pour secourir Olivier, jugeant que la présence du redoutable Henry Gow le mettait en toute sûreté. Ils reprirent donc le chemin direct de Kinfauns, désirant que rien ne retardât l'exécution de leur mission. Comme il s'était passé quelque temps avant que le marchand de bonnets et le fabricant d'armures les eussent rejoints, le bailli leur demanda, en s'adressant particulièrement à Henry, pourquoi ils avaient perdu un temps précieux en poursuivant le braconnier jusque sur la hauteur.

— Sur ma foi! ce n'est pas ma faute, maître bailli, répondit Smith. Si vous accouplez un lévrier ordinaire des basses-terres avec un chien-loup des montagnes, vous ne devez pas blâmer le premier s'il court du côté par où l'autre l'entraine. C'est littéralement ce qui m'est arrivé avec mon voisin Olivier Proudfute. Dès qu'il se fut relevé, il monta sur sa jument avec la rapidité de l'éclair, et enragé du lâche avantage que ce brigand avait pris de sa chute de cheval, il courut après lui comme un dromadaire. Il fallait bien que je le suivisse, tant pour prévenir une seconde chute, que pour défendre notre champion, notre vaillant ami, en cas qu'il lui fût dressé quelque embûche sur le sommet de cette hauteur. Mais le coquin, qui est à la suite de quelque lord des frontières, et qui porte sur l'épaule un éperon ailé pour marque de reconnaissance, a fui notre voisin comme le feu s'échappe du caillou.

Le doyen des baillis de Perth écouta avec surprise la légende qu'il plaisait à Smith de faire circuler; car, quoiqu'il se souciât fort peu de connaître la vérité à cet égard, il avait toujours douté des récits romanesques que faisait le bonnetier de ses propres exploits; et d'après ce qu'il venait d'entendre, il devait les regarder, jusqu'à un certain point, comme orthodoxes. Le vieux et malin gantier vit plus clair dans cette affaire.

— Tu rendras fou le pauvre bonnetier, dit-il tout bas à Henry. Il fera claquer son fouet comme s'il sonnait la cloche de la ville pour une réjouissance, quand, par égard pour l'ordre et le décorum, il vaudrait mieux qu'il gardât le silence.

— Par Notre-Dame! père Glover, répondit l'armurier, j'aime ce petit fanfaron, et je ne pouvais supporter l'idée qu'il resterait honteux et en silence dans un coin de la salle du prévôt, tandis que les autres, et notamment cet empoisonneur d'apothicaire, diraient tout ce qui leur passerait par l'esprit.

— Tu es trop bon, Henry, répliqua Simon. Mais remarque la différence entre ces deux hommes. Ce petit bonnetier, qui ne fait mal à personne, se donne les airs d'un dragon pour cacher sa poltronnerie naturelle; tandis que l'apothicaire se montre humble, timide et circonspect, pour voiler son caractère dangereux. La vipère qui se tapit sous une pierre n'en a pas moins un venin mortel. Je te dis, mon fils Henry, qu'avec son air rampant et ses paroles craintives, ce squelette ambulant aime à faire le mal plus qu'il ne craint le danger.
— Mais nous voici en face du château du prévôt, et il faut convenir que Kinfauns est une habitation digne d'un lord. C'est un honneur pour la ville d'avoir pour premier magistrat le propriétaire d'un si beau château.

— C'est vraiment une bonne forteresse, dit l'armurier en regardant le large Tay, coulant au pied de la hauteur sur laquelle s'élevait le château, comme s'élève le château plus moderne qui lui a succédé, et qui semblait le roi de la vallée, quoique, de l'autre côté du fleuve, les fortes murailles d'Elcho semblassent lui disputer la prééminence. Elcho était pourtant à cette époque un paisible couvent, et les murs qui l'entouraient servaient de barrière à des vestales isolées du monde, et n'étaient pas les boulevards d'une garnison armée. — C'est un excellent château-fort, dit encore Henry en levant les yeux sur les tours de Kinfauns; c'est le bouclier et la cuirasse du cours du Tay. Il faudrait ébrécher plus d'une bonne lame avant de pouvoir y pénétrer de force.

Le portier de Kinfauns, ayant reconnu de loin les personnages qui se présentaient et leur qualité, avait déjà ouvert la porte de la cour pour les faire entrer, après avoir envoyé quelqu'un pour avertir sir Patrice Charteris que le doyen des baillis de Perth, avec quelques autres bons citoyens de cette ville, approchaient du château. Le bon chevalier, qui se préparait à sortir pour chasser au faucon, apprit cette nouvelle à peu près comme le moderne représentant d'un bourg apprend qu'il est menacé de la visite d'une partie de ses mandataires dans un moment où il ne lui convient pas de les recevoir, c'est-à-dire qu'il envoya tout bas les intrus au diable, tandis qu'il donnait tout haut des ordres pour qu'on les reçût avec tout le décorum et toute la civilité convenable. Il commanda à ses écuyers tranchans de servir sur-le-champ dans la grande salle des tranches de venaison grillées et des viandes froides, et à son sommelier de percer des tonneaux et de faire son devoir; car si la belle ville de Perth remplissait quelquefois sa cave, les citoyens étaient de leur côté toujours prêts à vider ses flacons.

On introduisit respectueusement les bons bourgeois dans la grande salle, où le chevalier, qui était en habit de chasse, avec des bottes qui lui montaient à mi-cuisses, les reçut avec un mélange de politesse et de condescendance protectrice, désirant intérieurement qu'ils fussent tous au fond du Tay au lieu de venir interrompre l'amusement auquel il se proposait de consacrer la matinée. Il s'avança vers eux jusqu'au milieu de la salle, la tête nue et la toque à la main, et les salua à peu près en ces termes :

— Ah ! maître bailli Craigdallie, digne Simon Glover, pères de la belle ville ;... et vous, brave Smith, et mon docte apothicaire... et vous aussi, mon fringant bonnetier, qui fendez plus de têtes que vous n'en couvrez, comment se fait-il que j'aie le plaisir de voir tant d'amis de si bonne heure ? J'avais dessein de donner le vol à mes faucons, et votre compagnie rendra ce divertissement encore plus agréable (fasse Notre-Dame ! pensa-t-il, qu'ils se rompent le cou), c'est-à-dire à moins que la ville n'ait quelques ordres à me donner.— Sommelier Gilbert, dépêche-toi, drôle. —Mais j'espère que votre arrivée n'a pas de motif plus sérieux que de voir si le malvoisie conserve encore son bouquet.

Les délégués de la ville répondirent aux civilités de leur prévôt par des inclinations de tête plus ou moins caractéristiques. Celle de l'apothicaire fut la plus basse, et celle de l'armurier la moins cérémonieuse. Probablement ce dernier connaissait sa propre valeur. Le bailli Craigdallie se chargea de répondre pour toute la députation.

— Sir Patrice Charteris, notre lord prévôt, dit-il d'un

ton grave, si nous n'avions eu d'autre but que de jouir de l'hospitalité avec laquelle vous nous avez si souvent accueillis, notre savoir-vivre nous aurait appris à attendre une invitation comme en d'autres occasions. Quant à la chasse au vol, nous en avons eu assez pour une matinée, car, chemin faisant, nous avons rencontré un drôle qui chassait avec son faucon sur les marécages de la ville, et qui a désarçonné et maltraité notre ami Olivier le bonnetier, ou Proudfute, comme on le surnomme, uniquement parce qu'il lui demandait, en votre nom et en celui de la ville, qui il était pour se permettre une pareille licence.

— Et quel compte a-t-il rendu de lui-même? demanda le prévôt. Par saint Jean! j'apprendrai à ce drôle à chasser sur mes brisées!

— Votre Seigneurie voudra bien faire attention, dit le fabricant de bonnets, qu'il a profité d'une chute que j'avais faite de cheval. Mais je me suis remis en selle, et je l'ai vigoureusement poursuivi. Il dit qu'il se nomme Richard-le-Diable.

— Comment! dit le prévôt; celui dont il est parlé dans tant de ballades et de romances? Je croyais que ce preux se nommait Robert.

— Je crois que ce n'est pas le même, milord, répondit Olivier; j'ai seulement fait l'honneur à ce drôle de lui donner son nom tout entier, car, dans le fait, il s'est donné celui de Dick du Diable (1), ajoutant qu'il était un Johnstone et à la suite du lord du même nom. Mais je l'ai fait fuir dans le marécage, et j'ai recouvré ma gibecière, qu'il m'avait prise quand je ne pouvais me défendre.

(1) Dick est une abréviation familière du nom Richard. — Tr.

Sir Patrice réfléchit un instant. — Nous avons entendu parler du lord de Johnstone et de ceux qui le suivent, dit-il; il y a peu de chose à gagner à se mêler de leurs affaires. — Et dites-moi, Smith, vous avez enduré cela patiemment.

— Sur ma foi, sir Patrice, il l'a bien fallu, ayant reçu ordre de mes supérieurs de rester tranquille.

— Eh bien, si tu es resté tranquille, je ne vois pas pourquoi je n'en ferais pas autant; d'autant plus que maitre Olivier Proudfute, quoiqu'il ait eu d'abord le dessous, a recouvré son honneur et celui de la ville, comme il vient de nous le dire. Mais voici le vin qui arrive, remplissez des coupes jusqu'à ce qu'elles débordent, et présentez-les à mes hôtes. Prospérité à Saint-Johnstoun, et bienvenue à vous tous, mes honnêtes amis! Maintenant prenez place à table, car le soleil est déjà avancé dans sa course, et il doit y avoir long-temps que vous avez déjeuné, vous autres gens occupés.

— Avant tout, milord prévôt, dit le bailli, permettez-nous de vous expliquer la cause pressante qui nous a amenés devant vous, car nous ne vous en avons pas encore parlé.

— Remettez cela jusqu'à ce que vous ayez pris quelques rafraichissemens, bailli. — Quelques plaintes contre les coquins de jackmen de quelque noble, pour avoir joué au ballon dans les rues de la ville, ou quelque autre affaire de même importance?

— Non milord, répondit Craigdallie avec force et fermeté; c'est des maîtres de ces jackmen que nous venons nous plaindre. Ce sont eux qui jouent au ballon avec l'honneur de nos familles, et qui font aussi peu de cérémonie avec les chambres à coucher de nos filles que s'il s'agissait d'un mauvais lieu de Paris. Une troupe de coureurs de nuit, des courtisans, des hommes de rang, comme il n'y a que trop lieu de le croire, ont essayé, la nuit dernière, d'escalader une fenêtre de Simon Glover. Ils se sont défendus les armes à la main quand l'arrivée de Henry Smith a déconcerté leur entreprise, et ils ont combattu jusqu'au moment où le rassemblement des citoyens les a forcés à prendre la fuite.

— Comment! s'écria le prévôt en remettant sur la table la coupe qu'il avait levée pour la porter à sa bouche. Mort de ma vie! prouvez-moi cela, et, par l'ame de Thomas de Longueville! j'emploierai tout mon pouvoir pour vous faire rendre justice, dût-il m'en coûter ma vie et mes biens : — Qui atteste ce fait? Simon Glover, vous passez pour un homme honnête et prudent : prenez-vous sur votre conscience la vérité de cette accusation?

— Milord, répondit Simon, comprenez bien que je ne suis pas plaignant volontaire dans cette affaire importante. Il n'est arrivé malheur qu'à ceux qui avaient troublé la tranquillité publique. Je crains qu'un grand pouvoir ait pu seul encourager une telle audace, un pareil mépris des lois; et je ne voudrais pas être cause d'une querelle dangereuse entre ma ville natale et un noble puissant. Mais on a prétendu que si je me montrais peu disposé à former cette plainte, ce serait en quelque sorte reconnaître que ma fille attendait une pareille visite, ce qui est de toute fausseté. En conséquence, milord, je dirai à Votre Seigneurie tout ce qui est arrivé, autant que j'en suis informé, et je laisserai à votre sagesse le soin de décider ce qu'il convient de faire. — Il lui raconta alors de point en point tout ce qu'il avait vu de ce qui s'était passé la nuit précédente.

Sir Patrice Charteris, l'ayant écouté avec beaucoup d'attention, parut particulièrement frappé de la circonstance que l'homme qui avait été fait prisonnier eût réussi à s'échapper. — Il est étrange, dit-il au gantier, que vous ne vous en soyez pas assuré quand il était entre vos mains. Ne l'avez-vous pas regardé de manière à le reconnaître?

— Je n'avais que la faible clarté d'une lampe, milord, répondit Simon; et quant à sa fuite, j'étais seul, et je suis vieux. Cependant j'aurais pu l'empêcher de s'échapper, si je n'eusse entendu ma fille pousser des cris dans sa chambre. J'y courus sur-le-champ, et lorsque j'en revins, il s'était enfui par le jardin.

—Maintenant, armurier, dit sir Patrice, dites-moi, en homme franc et en bon soldat, tout ce que vous savez de cette affaire.

Henry Gow, dans son style décidé, fit avec précision et clarté le récit de tout ce qui s'était passé.

L'honnête Proudfute, ayant été interpellé ensuite, commença sa relation avec un air de plus d'importance.

— Relativement à cet étrange et terrible tumulte qui a eu lieu dans la ville, je ne puis, il est vrai, dire, comme Henry Gow, que j'en aie vu précisément le commencement, mais personne ne peut nier que je n'aie été témoin de la fin, du moins en grande partie, et particulièrement que je n'aie procuré la pièce de conviction la plus importante pour découvrir les coupables.

— Et quelle est cette pièce? demanda sir Patrice Charteris; ne perdez pas le temps en paroles : quelle est cette pièce de conviction?

— J'ai apporté à Votre Seigneurie, dans cette gibecière répondit le petit homme, quelque chose qu'un de ces coquins a laissé sur le champ de bataille. C'est un trophée qui, je l'avoue de bonne foi, n'est pas dû à la lame de mon sabre; mais je réclame l'honneur de m'en être emparé avec cette présence d'esprit que peu de gens possèdent au milieu du cliquetis des armes et de la lueur des torches. Je m'en suis emparé, milord, et voici cette pièce de conviction.

A ces mots, il tira de sa gibecière la main qu'il avait trouvée par terre sur le lieu qui avait été le théâtre de l'escarmouche.

— Sur ma foi, bonnetier, dit le prévôt, je garantis que tu as assez de cœur pour t'emparer de la main d'un homme quand elle est séparée de son corps; mais que cherches-tu encore dans ton sac?

— Il y avait, milord.... il devrait y avoir.... une bague qui était passée au doigt de ce coquin. Il faut que je l'aie oubliée et que je l'aie laissée chez moi. Je l'avais prise pour la montrer à ma femme, attendu qu'elle ne se souciait pas de voir la main, de pareils spectacles n'étant pas agréables aux yeux des femmes. Je croyais pourtant l'avoir remise au doigt, mais il faut que je l'aie laissée chez moi : je vais l'aller chercher, et Henry Smith m'accompagnera.

— Nous t'accompagnerons tous, dit sir Patrice Charteris, car je vais moi-même me rendre à Perth. — Écoutez-moi, honnêtes bourgeois et braves voisins. Lorsque vous m'avez fait des plaintes de la violation de vos privilèges sur des matières frivoles et triviales, comme lorsqu'on braconnait sur vos terres, ou que les gens de quelque baron jouaient au ballon dans vos rues, vous avez pu m'y croire indifférent; mais, par l'ame de Thomas de Longueville! vous n'aurez pas sujet d'accuser de négligence Patrice Charteris dans une affaire de cette importance. Cette main, continua-t-il en la levant en l'air pour la montrer, est celle d'un homme qui n'est pas habitué à des travaux journaliers. Nous la ferons placer en un lieu où elle ne pourra manquer d'être reconnue et réclamée, s'il reste une seule étincelle d'honneur aux compagnons de celui qui l'a perdue. — Écoute, Gérard! — Fais-moi monter sur-le-champ à cheval une douzaine de braves gens, et qu'ils prennent la cuirasse. — Cependant, voisins, s'il en résulte quelque querelle, comme la chose est assez probable, nous devons nous soutenir mutuellement. Combien d'hommes amènerez-vous à mon secours, si mon pauvre château est attaqué?

Les bourgeois jetèrent les yeux sur Henry Gow, vers lequel ils se tournaient, comme par instinct, lorsqu'il était question d'affaires de cette nature.

— Je réponds, dit-il, que cinquante braves gens seront prêts à marcher avant que la cloche de la ville ait sonné dix minutes, et un millier dans l'espace d'une heure.

— C'est bien, répliqua l'intrépide prévôt; et en cas de besoin, je marcherai à l'aide de la belle ville avec tous les soldats dont je peux disposer. Et maintenant, mes amis, montons à cheval.

CHAPITRE IX.

Le jour de Saint-Valentin, vers midi, le prieur des dominicains était occupé à remplir au confessionnal les devoirs de son ministère, et son pénitent n'était pas un personnage de peu d'importance. C'était un homme de bonne mine; les couleurs de la santé brillaient sur ses joues fleuries, dont le bas était ombragé par une barbe blanche vénérable, qui lui descendait sur la poitrine. Ses grands yeux d'un bleu pâle et son front large et élevé exprimaient la dignité, mais cette dignité semblait plus propre à recevoir les honneurs qu'on lui rendait volontairement, qu'à forcer à les lui rendre ceux qui pouvaient s'y refuser. L'expression de sa physionomie était si pleine de bonté, qu'elle semblait presque annoncer une simplicité qui le laissait sans défense, ou une faiblesse de caractère incapable de repousser l'importunité ou de maîtriser la résistance. Sur les cheveux gris de ce personnage était placé un petit cercle d'or, ou couronne, sur un bandeau bleu. Son chapelet était composé de gros grains d'or assez grossièrement travaillés, mais orné de perles d'Écosse remarquables par leur grosseur et leur beauté. Il n'avait pas d'autres bijoux, et ses vêtemens ne consistaient qu'en une longue robe de soie cramoisie, attachée par une ceinture de même couleur. Lorsqu'il eut fini sa confession, il se leva avec quelque peine du coussin brodé sur lequel il était à genoux, et à l'aide d'une canne d'ébène à bec de corbin, il s'approcha en boitant, avec une difficulté visible et sans aucune grace, d'un fauteuil d'apparat, surmonté par un dais, qui lui avait été préparé près de la cheminée dans l'appartement vaste et élevé où il se trouvait.

C'était Robert, troisième de ce nom, et le second de la race infortunée des Stuarts, qui occupait le trône d'Écosse. Il avait des vertus et ne manquait pas de talens; mais son grand malheur, comme celui de plusieurs autres princes de cette race réservée à tant de calamités, était que les qualités qui le distinguaient n'étaient pas celles qui auraient pu le mettre en état de jouer le rôle auquel sa naissance l'avait appelé. Le roi d'un peuple aussi belliqueux que les Écossais l'étaient alors, aurait eu besoin d'être un guerrier prompt et actif, libéral à récompenser les services, sévère à punir les crimes, et dont toute la conduite aurait inspiré la crainte aussi-bien que l'affection. Robert III offrait en sa personne précisément le revers de ce portrait. A la vérité il avait assisté à plusieurs batailles dans sa jeunesse; mais quoiqu'il ne s'y fût pas conduit de manière à se couvrir de honte, il n'avait jamais montré cet amour chevaleresque pour la guerre et les périls, et le désir ardent de se signaler par des exploits dangereux, qu'on attendait dans ce siècle de tous ceux qui étaient de noble naissance et qui avaient des droits à l'autorité.

D'ailleurs sa carrière militaire avait été fort courte. Au milieu du tumulte d'un tournoi, le jeune comte de Carrick, car tel était alors son titre, avait reçu du cheval de sir James Douglas de Dalkeith un coup de pied qui l'avait rendu boiteux pour le reste de sa vie, et qui par conséquent l'avait mis hors d'état de prendre part soit à la guerre, soit aux tournois et aux autres divertissemens militaires qui en étaient l'image. Comme Robert n'avait jamais montré beaucoup de prédilection pour les exercices violens, il ne regretta probablement pas beaucoup l'impossibilité où il se trouvait de jouer un rôle dans ces scènes actives. Mais cet accident, ou pour mieux dire les suites de cet accident, l'abaissèrent aux yeux d'une noblesse fière et d'un peuple belliqueux. Il fut obligé de confier les principaux soins des affaires de son royaume, tantôt à un membre de sa famille, tantôt à un autre, quelquefois avec le titre de lieutenant-général du royaume, et toujours avec le pouvoir attaché à ce rang. Son affection paternelle l'aurait porté à recourir à l'assistance de son fils aîné, jeune homme plein de vivacité et de talens, que sa tendresse avait créé duc de Rothsay pour lui donner un rang le plus voisin possible du trône; mais ce jeune prince avait la tête trop légère et la main trop faible pour pouvoir porter avec dignité le sceptre qui lui aurait été délégué. Quoiqu'il aimât l'autorité, le plaisir était le goût favori du prince; et la cour était troublée, comme le pays était scandalisé, par le nombre d'intrigues passagères et de folies amoureuses que se permettait celui dont la conduite aurait dû offrir à la jeunesse du royaume un exemple d'ordre et de régularité.

Les mœurs licencieuses du duc de Rothsay étaient

d'autant plus répréhensibles aux yeux du public, qu'il était marié, mais quelques personnes dont sa jeunesse, sa gaieté, ses graces et son bon caractère avaient obtenu l'indulgence, pensaient que les circonstances mêmes de son mariage pouvaient servir d'excuse à son libertinage. Ils rappelaient que ses noces avaient été entièrement l'ouvrage de son oncle, le duc d'Albany, d'après les conseils duquel le roi infirme et timide se conduisait en grande partie, et qui passait pour chercher à donner à l'esprit de son frère et de son souverain une tendance nuisible aux intérêts et à l'attente du jeune héritier du trône. Par les intrigues d'Albany, la main du jeune prince fut pour ainsi dire mise à l'encan, car il donna publiquement à entendre que le seigneur d'Écosse qui donnerait à sa fille la dot la plus considérable pourrait aspirer à la placer dans la couche du duc de Rothsay.

Dans la contestation qui s'ensuivit pour obtenir la préférence, George de Dunbar et de March, qui possédait par lui ou par ses vassaux la plus grande partie de la frontière d'Angleterre, l'emporta sur les autres compétiteurs, et sa fille, avec le consentement du jeune couple, fut fiancée au duc de Rothsay.

Mais il restait un tiers à consulter, et ce tiers n'était rien moins que le redoutable Archibald, comte de Douglas, également à craindre par l'étendue de ses domaines, par les places et les emplois dont il était investi, et par ses qualités personnelles de prudence et de valeur, jointes à un orgueil indomptable, et à une soif de vengeance plus que féodale. Le comte était aussi allié de très-près du trône, ayant épousé la fille ainée du monarque régnant.

Après les fiançailles du duc de Rothsay avec la fille du comte de March, Douglas, comme s'il eût tardé à prendre part à la négociation pour prouver qu'elle ne pouvait se conclure qu'avec lui, se présenta dans la lice pour faire rompre le contrat. Il offrit sa fille Marjory avec une dot plus considérable que celle qu'avait promise le comte de March; et Albany, dominé par sa cupidité, et par la crainte que lui inspirait Douglas, fit agir son influence sur le timide monarque, et le décida à manquer de parole au comte de March, et à donner à son fils Marjory Douglas, femme que celui-ci ne pouvait aimer. La seule excuse qu'on fit au comte de March fut de lui dire que les fiançailles du prince avec Élisabeth de Dunbar n'avaient pas été revêtues de l'approbation du parlement, et que tant que cette ratification n'avait pas eu lieu, de pareils contrats n'étaient pas obligatoires. Le comte fut profondément irrité de l'insulte qui lui était faite ainsi qu'à sa fille, et l'on croyait généralement qu'il songeait à s'en venger, ce dont la grande influence dont il jouissait sur les frontières d'Angleterre paraissait devoir lui faciliter les moyens.

De son côté, le duc de Rothsay, mécontent d'avoir vu sacrifier sa main et ses inclinations à une intrigue d'état, en montra son déplaisir par tous les moyens qui étaient en son pouvoir, négligeant sa femme, méprisant son formidable et dangereux beau-père, montrant peu de respect pour l'autorité du roi lui-même, et ne faisant aucun cas des remontrances du duc d'Albany son oncle, qu'il regardait comme son ennemi déclaré.

Au milieu de ces dissensions intestines dans le sein de sa famille, dissensions qui se propageaient dans ses conseils et dans son administration, et qui introduisaient partout les funestes effets de l'incertitude et de la désunion, le faible monarque avait été soutenu quelque temps par les conseils de son épouse, la reine Annabella, issue de la noble maison de Drummond. Douée d'une sagacité profonde et d'une grande fermeté d'esprit, elle imposait quelque contrainte aux légèretés d'un fils qui la respectait, et les mêmes qualités soutenaient quelquefois la résolution chancelante de son royal époux. Mais après sa mort, le faible souverain fut semblable à un vaisseau qui a perdu ses ancres, et qui est ballotté par des courans opposés les uns aux autres. On pouvait dire que Robert était passionné pour son fils, — qu'il avait un respect timide pour le caractère de son frère Albany, bien plus décidé que le sien, — que Douglas lui inspirait une terreur qui était presque d'instinct, — et qu'il doutait de la fidélité du hardi, mais inconstant comte de March. Les sentimens qu'il nourrissait pour ces divers individus se mêlaient et se compliquaient tellement, qu'ils se montraient de temps en temps tout autres de ce qu'ils étaient réellement. Cédant au dernier ascendant qui avait été exercé sur son esprit flexible, le roi, après avoir été un père indulgent, devenait sévère et même cruel, — sa confiance en son frère se changeait en méfiance, — et le monarque plein de douceur et de bonté se montrait un tyran jaloux et intéressé. Comme le caméléon, son esprit faible réfléchissait la couleur de l'ame plus ferme dont il suivait les conseils pour le moment, et dont il recevait l'assistance. Quand il cessait d'écouter les avis d'un membre de sa famille pour ouvrir l'oreille à ceux d'un autre, il n'était pas extraordinaire de voir un changement total de mesures, instabilité qui ne faisait pas honneur au caractère du roi, et qui mettait en danger la sûreté de l'état.

Il en résulta naturellement que le clergé de l'église catholique obtint une grande influence sur un homme dont les intentions étaient excellentes, mais dont les résolutions étaient si chancelantes. Non-seulement Robert était tourmenté par le sentiment intime des erreurs qu'il avait réellement commises, mais il était déchiré par les craintes qui assiègent une ame superstitieuse et timide. Il est donc à peine nécessaire d'ajouter que les membres du clergé régulier ou séculier n'avaient pas peu d'influence sur un prince si facile, quoique à la vérité ce fût une influence à laquelle un petit nombre de personnes savaient se soustraire dans ce siècle, quelque fermeté et quelque résolution qu'elles eussent dans leurs affaires temporelles.—Nous terminerons ici cette longue digression, sans laquelle nos lecteurs n'auraient pas pu bien comprendre ce que nous avons à rapporter.

Le roi s'était avancé avec peine, et d'un pas qui n'avait rien de gracieux, vers le fauteuil bien rembourré, et placé sous un dais qui lui avait été préparé. Il s'y laissa tomber avec l'air charmé d'un homme indolent qui a été retenu quelque temps dans une position gênante. Lorsqu'il fut assis, l'air doux et les traits vénérables du bon vieillard n'annonçaient que la bienveillance. Le prieur, debout en face du fauteuil du roi, dans une attitude de profond respect qui voilait son air naturellement hautain, était un homme qui pouvait avoir entre quarante et cinquante ans ; mais pas un seul de ses cheveux n'avait encore perdu sa couleur noire. Des traits intelligens et un regard vif attestaient les talens grace auxquels le vénérable père s'était élevé au poste éminent qu'il occupait dans sa communauté, et nous pouvons ajouter dans les conseils du royaume, où il les avait employés souvent. Les principaux objets que l'éducation et l'habitude lui avaient appris à avoir en vue, étaient l'augmentation des domaines et des richesses de l'église, et la suppression de l'hérésie; il s'efforçait d'arriver à ce double but par tous les moyens que lui procurait sa situation. Mais il faisait honneur à sa religion par la sincérité de sa croyance, et par sa fidélité aux règles de morale qui guidaient sa conduite dans toutes les occasions ordinaires. Les défauts qui entraînaient le père Anselme dans des erreurs funestes, et même jusqu'à la cruauté, doivent peut-être s'attribuer à son siècle et à sa profession; ses vertus lui appartenaient en propre.

— Cela une fois fait, dit le roi, et les terres dont je viens de parler étant assurées par une charte à ce monastère, vous croyez, mon père, que je serai assez dans les bonnes graces de notre sainte mère l'Église pour me nommer son fils respectueux ?

— Sans doute, sire, répondit le prieur; plût au ciel que tous ses enfans apportassent au sacrement de la pénitence un sentiment aussi vif de leurs erreurs, et autant de bonne volonté pour les réparer! Mais j'adresse ces paroles de consolation, sire, non à Robert roi d'Écosse, mais à mon humble et dévot pénitent, Robert Stuart de Carrick.

— Vous me surprenez, mon père. Ma conscience me fait bien peu de reproches sur ce que j'ai fait comme roi; car j'ai moins consulté mon opinion pour agir, que l'avis de mes plus sages conseillers.

— Et c'est en cela qu'est le danger, sire. Le saint

père reconnaît dans chacune de vos pensées, de vos paroles, de vos actions, un vassal obéissant de la sainte Église. Mais il existe des conseillers pervers qui suivent l'instinct de leurs cœurs corrompus, qui abusent de la bonté et de la facilité de leur souverain, et qui, sous prétexte de servir ses intérêts temporels, prennent des mesures qui peuvent préjudicier à son bonheur pour toute l'éternité.

Le roi Robert se leva, et prit un air d'autorité qui lui convenait parfaitement, mais qui ne lui était pas habituel.

— Prieur Anselme, lui dit-il, si vous avez découvert dans ma conduite, soit comme roi, soit comme particulier, quelque chose qui mérite une censure semblable à celle que contiennent vos paroles, il est de votre devoir de vous expliquer clairement, et je vous l'ordonne.

— Vous serez obéi, sire, répondit le prieur en s'inclinant humblement. Se relevant alors et prenant l'air de dignité convenable au rang qu'il occupait dans l'église, il lui dit : — Écoutez sortir de ma bouche les paroles de notre saint père, successeur de saint Pierre, à qui les clefs ont été transmises avec le pouvoir de lier et de délier. Pourquoi, ô Robert d'Écosse, n'as-tu pas installé dans le siège de Saint-André Robert de Wardlaw, que le pontife t'a recommandé pour le remplir? Pourquoi tes lèvres font-elles profession de soumission respectueuse à l'Église, quand tes actions proclament la désobéissance et l'opiniâtreté de ton ame? L'obéissance vaut mieux qu'un sacrifice.

— Sire prieur, dit le monarque d'un air convenable à son rang élevé, nous pouvons nous dispenser de vous répondre à ce sujet ; car c'est une affaire qui nous concerne nous et les états de notre royaume, mais qui n'intéresse en rien notre conscience.

— Hélas ! reprit le prieur, et quelle conscience intéressera-t-elle au dernier jour ? Lequel de vos puissans lords ou de vos riches bourgeois viendra se placer entre leur roi et le châtiment qu'il aura encouru en suivant leur politique séculière en matière ecclésiastique ? Apprends, roi puissant, que, quand toute la chevalerie de ton royaume serait rangée en bataille devant toi pour opposer ses boucliers à la foudre, elle serait consumée comme un morceau de parchemin sec jeté dans une fournaise ardente.

— Bon père prieur, dit le roi, sur la conscience timorée duquel ce genre de langage manquait rarement de faire impression, vous parlez de cette affaire un peu trop sévèrement. Ce fut pendant ma dernière indisposition, tandis que le comte de Douglas exerçait, comme lieutenant-général, l'autorité royale en Écosse, que s'éleva malheureusement l'obstacle à l'installation du prélat. Ne m'accusez donc pas de ce qui s'est passé pendant que j'étais hors d'état de gouverner les affaires de mon royaume, et que j'avais été obligé de déléguer mon pouvoir à un autre.

— Vous en avez dit assez à votre sujet, sire. Mais si l'obstacle s'est élevé sous la lieutenance du comte de Douglas, le légat de Sa Sainteté vous demandera pourquoi cet obstacle n'a pas disparu sur-le-champ, quand le roi a repris en ses mains les rênes de l'autorité ? Douglas le Noir a une grande puissance, plus grande peut-être que celle qu'un sujet devrait posséder dans le royaume de son souverain ; mais il ne peut se placer entre Votre Majesté et votre conscience ; il ne peut vous dégager des obligations que votre qualité de roi vous impose envers la sainte Église.

— Mon père, dit Robert avec un peu d'impatience, vous parlez sévèrement dans cette affaire ; vous devriez du moins attendre un temps raisonnable, jusqu'à ce que nous ayons eu le loisir d'y remédier. De semblables contestations ont eu lieu à plusieurs reprises sous les règnes de nos prédécesseurs ; et l'un de nos ancêtres, saint David, de bienheureuse mémoire, ne renonça pas à ses privilèges comme monarque sans les avoir vigoureusement défendus, quoique aux dépens d'une querelle avec le saint père lui-même.

— Et c'est en quoi ce grand et bon roi n'agit ni prudemment ni saintement ; et c'est pourquoi il fut abandonné à ses ennemis, qui le défirent et remportèren sur lui des dépouilles quand il leva le glaive contre les bannières de saint Pierre, de saint Paul, et de saint Jean de Beverley, dans la guerre de l'Étendard, comme on l'appelle encore aujourd'hui. Il fut heureux pour lui que, de même que le roi dont il portait le nom, le fils de Jessé, son péché ait été puni sur la terre, au lieu d'être enregistré pour déposer contre lui au dernier jour.

— Fort bien, bon prieur, fort bien ; mais en voilà assez sur ce sujet quant à présent. Le saint siège, Dieu aidant, n'aura pas à se plaindre de moi. Je prends à témoin Notre-Dame que je ne voudrais pas, pour la couronne que je porte, me charger du péché de faire le moindre tort à notre mère l'Église. Nous avons toujours craint que le comte de Douglas n'ait les yeux trop attachés sur la renommée et les biens temporels de cette vie frêle et passagère, pour envisager comme il le devrait ce qui a rapport à un monde à venir.

— Tout récemment encore, sire, il s'est logé de vive force dans le couvent d'Aberbrothock avec une suite de mille hommes, et l'abbé est forcé de lui fournir tout ce qui est nécessaire pour ses cavaliers et pour ses chevaux. C'est ce que le comte appelle une hospitalité à laquelle il a droit à cause des donations faites à ce monastère par ses ancêtres. Certes, il vaudrait mieux rendre aux Douglas leurs terres que de se soumettre à des exactions qui ressemblent à la licence effrénée des sauvages brigands montagnards, plutôt qu'à la conduite d'un baron chrétien.

— Douglas le Noir, dit le roi en soupirant, descend d'une race qui ne peut souffrir qu'on lui dise non. Mais, père prieur, je suis peut-être moi-même un intrus de semblable espèce, car mon séjour chez vous a été bien long, et ma suite, quoique bien moins nombreuse que celle de Douglas, doit vous être à charge par sa consommation journalière. J'ai pourtant donné ordre à mes pourvoyeurs d'alléger vos dépenses le plus qu'il serait possible; mais si notre présence vous occasionait quelque inconvénient, il serait temps de songer à notre départ.

— A Notre-Dame ne plaise! s'écria le prieur, qui, tout en désirant l'autorité, n'avait rien de bas ni de sordide dans le caractère, et dont la générosité allait même jusqu'à la magnificence. Bien certainemeut le couvent des dominicains peut offrir à son souverain l'hospitalité qu'il accorde aux voyageurs de toute condition, qui la reçoivent des mains des pauvres serviteurs de notre saint patron. Non, sire; venez avec dix fois votre suite actuelle, et il ne lui manquera ni un grain d'avoine ni une botte de paille, ni un morceau de pain, ni une once de viande. Autre chose est d'employer les revenus de l'Église, qui sont plus considérables que des moines ne doivent le désirer ou en avoir besoin, à recevoir avec le respect convenable Votre Majesté royale, ou de se les voir arracher par les mains d'hommes grossiers et violens dont l'amour pour la rapine ne connaît d'autres bornes que l'étendue de leur pouvoir.

— Fort bien, bon prieur. Et maintenant, pour détourner un instant nos pensées des affaires d'état, votre révérence peut-elle nous informer comment les bons citoyens de Perth ont commencé leur jour de saint Valentin? — Galamment, gaiement et paisiblement, j'espère.

— Je me connais peu en galanterie et en gaieté, sire. Mais pour ce qui est *paisiblement*, trois à quatre hommes, dont deux cruellement blessés, sont venus ce matin avant le jour réclamer le privilège du sanctuaire, poursuivis par une foule de gens en chemise, armés de gourdins, de piques, de haches et d'épées, criant : — Tuez et massacrez — plus haut les uns que les autres. Ils n'ont pas même été satisfaits quand notre portier et notre garde leur ont dit que ceux qu'ils poursuivaient avaient trouvé un refuge dans la Galilée de l'église ; mais ils ont continué quelques minutes à pousser des cris en frappant à la poterne, et en demandant que les hommes qui les avaient offensés leur fussent livrés. — Je craignais que le bruit qu'ils ont fait n'eût interrompu le sommeil de Votre Majesté, et ne lui eût causé quelque surprise.

— Mon sommeil aurait pu être interrompu ; mais que des clameurs m'eussent surpris..... Hélas! révérend père, il n'existe en Écosse qu'un seul endroit où les cris de la victime et les menaces de l'oppresseur ne puissent s'entendre, — et cet endroit, mon père, c'est la tombe.

Le prieur garda un silence respectueux, partageant les sentimens d'un monarque dont la bonté du cœur était si peu d'accord avec les mœurs et le caractère de son peuple.

— Et que sont devenus les fugitifs? demanda Robert après un moment de silence.

— On leur a ouvert la porte avant le jour, comme ils l'ont désiré, sire, après avoir fait visiter avec soin tous les environs, pour acquérir la certitude que leurs ennemis ne leur avaient pas préparé quelque embuscade, et ils se sont retirés en paix.

— Et vous ne savez ni qui étaient ces hommes, ni pourquoi ils avaient cherché un refuge chez vous?

— Une querelle avec les bourgeois de la ville en a été la cause, sire. Mais nous ignorons ce qui l'a occasionée. La coutume de notre maison est d'accorder vingt-quatre heures de refuge sans interruption dans le sanctuaire de saint Dominique, avant de faire aucune question aux infortunés qui y ont cherché un abri. S'ils désirent y rester plus long-temps, le motif qui les a engagés à se réfugier dans le sanctuaire doit être inscrit sur les registres du couvent, et — graces en soient rendues à notre bienheureux saint — cette protection temporaire sauve de la rigueur des lois bien des gens que nous pourrions nous croire obligés de livrer à leurs ennemis et à leurs persécuteurs si nous connaissions le caractère de leurs crimes.

Tandis que le prieur parlait ainsi, une idée, un peu

vague à la vérité, se présenta à l'esprit du monarque, que le privilège du sanctuaire, accordé si aveuglément, devait être une interruption sérieuse au cours de la justice dans son royaume. Mais il la repoussa comme si c'eût été une suggestion de Satan, et il eut soin de ne pas laisser échapper un seul mot qui pût faire connaître au prieur qu'une pensée si profane l'avait occupé un instant. Au contraire, il se hâta de changer le sujet de la conversation.

— Le soleil marche bien lentement, dit-il. Après la fâcheuse nouvelle que vous venez de m'apprendre, je me serais attendu que les seigneurs composant mon conseil se seraient plus empressés de venir prendre mes ordres relativement à cette affaire mystérieuse. Ce fut un malheureux sort qui me donna à gouverner un peuple parmi lequel il me semble que je suis la seule personne qui désire le repos et la tranquillité.

— L'Église désire toujours la paix et la tranquillité, répliqua le prieur, ne voulant pas même qu'une observation si générale échappât à l'esprit accablé du pauvre monarque sans insister sur une exception en faveur de l'Église.

— Nous ne voulons pas dire autre chose, père prieur, dit Robert; mais vous conviendrez que l'Église, en apaisant ainsi les querelles, comme elle en a certainement l'intention, ressemble à la ménagère affairée qui met en mouvement la poussière tandis qu'elle veut la balayer.

Le prieur aurait fait quelque réplique à cette remarque; mais la porte de l'appartement s'ouvrit, et un chambellan annonça le duc d'Albany.

CHAPITRE X.

> « Vraiment, si je sais comment arranger ces affaires qui
> me tombent ainsi en désordre sur les bras, je veux qu'on
> ne me croie plus. »
>
> Shakspeare. *Richard III*.

Le duc d'Albany, ainsi que le roi son frère, portait le nom de Robert. Le nom de baptême du dernier avait été Jean jusqu'à l'instant où il monta sur le trône; mais les superstitieux du temps ayant observé que le malheur avait constamment accompagné ce nom pendant la vie et les règnes de Jean d'Angleterre, Jean de France et Jean Baliol d'Écosse, il fut convenu que, pour détourner le mauvais présage, le nouveau roi prendrait le nom de Robert, rendu cher à l'Écosse par le souvenir de Robert Bruce. Nous mentionnons ceci pour expliquer la singularité de deux frères portant le même nom de baptême dans une famille, ce qui, à cette époque, n'était certainement pas plus commun qu'aujourd'hui.

Le duc d'Albany, avancé en âge comme le roi, n'était pas plus porté que lui aux entreprises guerrières. Mais s'il ne brillait point par le courage, il ne manquait pas de prudence pour le cacher adroitement, certain que ce défaut, s'il était seulement soupçonné, renverserait tous les plans formés par son ambition. Il avait aussi assez de fierté pour suppléer, en cas d'extrémité, à la valeur qu'il ne possédait pas réellement, et assez d'empire sur ses esprits pour en dissimuler l'agitation. Sous d'autres rapports, c'était un politique habile : il était calme, plein de sang-froid et artificieux ; arrêtant ses regards sur le but qu'il désirait atteindre, tandis qu'il était encore éloigné ; ne le perdant jamais de vue, quoique les détours de la route qu'il suivait parussent souvent devoir le conduire vers une tout autre direction. Dans sa personne, il ressemblait au roi, car sa taille et ses manières étaient également nobles et majestueuses ; mais il avait sur son frère aîné l'avantage d'être exempt d'infirmités, et d'avoir un esprit plus actif. Son costume était riche et sévère ainsi qu'il convenait à son âge et à son rang. Comme le roi son frère, il ne portait d'armes d'aucune espèce : une gaîne de petits couteaux occupait à sa ceinture la place d'un poignard ou d'une épée.

Au moment où le duc entra, le prieur, après s'être incliné devant lui, se retira respectueusement dans un renfoncement de la salle, afin que la conversation des deux frères ne fût point gênée par la présence d'un tiers. Il est nécessaire de dire que c'était dans une embrasure de fenêtre placée dans la façade intérieure des bâtimens du monastère appelés le Palais, à cause des fréquens séjours qu'y faisaient les rois d'Écosse, mais qui ordinairement était la résidence du prieur ou de l'abbé. La fenêtre, ouverte au-dessus de l'entrée principale des appartemens royaux, présentait à la vue la cour intérieure du couvent, bornée à droite par la longueur de la magnifique église, à gauche par un bâtiment contenant les cellules, le réfectoire, la *chapter-house* ou salle du chapitre, et d'autres appartemens qui s'élevaient au-dessus. Toute cette partie était indépendante de l'espace occupé par le roi Robert et sa suite. Un quatrième rang de bâtimens, dont la noble façade extérieure était située au levant, consistait dans un vaste *hospice* pour la réception des étrangers ou des pèlerins, et dans des offices et des magasins pour les amples provisions nécessaires à l'hospitalité fastueuse des pères dominicains. Une voûte élevée conduisait à la cour intérieure par la façade orientale; elle se trouvait précisément opposée à la fenêtre où le prieur Anselme s'était placé; ses regards pouvaient pénétrer sous la voûte sombre, et observer les rayons de lumière qu'elle recevait du portail de l'est qui était ouvert; mais, en raison de la hauteur à laquelle il était élevé, et de la profondeur de la voûte, son œil ne distinguait qu'imparfaitement le portail opposé. Il est nécessaire de faire attention à ces localités : nous revenons maintenant à à la conversation qui eut lieu entre les deux princes.

— Mon cher frère, dit le roi en arrêtant le duc d'Albany comme il s'inclinait pour lui baiser la main; mon cher frère, pourquoi ce cérémonial? Ne sommes-nous pas l'un et l'autre, fils du même Stuart d'Écosse et de la même Élisabeth More?

— Je ne l'ai point oublié, répondit le duc d'Albany en se levant, mais je ne dois pas oublier, même dans l'intimité de mon frère, le respect qui est dû au roi.

— Oh cela est vrai, trop vrai, Robin! dit le roi; le trône est comme un roc élevé et stérile, sur lequel ni fleur ni verdure ne peuvent jamais prendre racine. Les affections les plus tendres, les sentimens les plus doux sont interdits à un souverain. Un roi ne doit pas serrer son frère contre son cœur, il n'ose pas montrer son amour à un fils.

— Tel est en effet, sous quelque rapport, le destin de la grandeur, sire; mais le ciel, qui a écarté un peu de la sphère de Votre Majesté les membres de sa propre famille, lui a donné tout un peuple pour enfans.

— Hélas! Robert, votre cœur eût rempli mieux que le mien les devoirs de la royauté. Je vois de la hauteur où le sort m'a placé cette foule que vous appelez mes enfans : je les aime, je les voudrais voir heureux, mais ils sont nombreux et trop loin de moi. Hélas! le plus pauvre d'entre eux a quelque être chéri qu'il peut presser sur son sein, et sur lequel il répand toute la tendresse d'un père! Tout ce qu'un roi peut donner à son peuple est un sourire, un sourire semblable à ces inutiles rayons que le soleil jette de loin sur la cime glacée des monts Grampiens. Robert! notre père nous caressait, ses réprimandes étaient mêlées d'affection; cependant c'était un monarque comme moi. Pourquoi ne me serait-il pas permis, comme lui, de ramener mon pauvre enfant prodigue par la tendresse autant que par la sévérité.

— La tendresse n'a-t-elle pas déjà été essayée, sire? reprit le duc d'Albany avec le ton d'un homme affligé des vérités qu'il se croit obligé de dire; les moyens de douceur sont assurément les premiers dont on devait faire usage. Votre Grace est le meilleur juge pour décider s'il n'y a pas assez long-temps que ces moyens sont employés, et si la sévérité ne serait pas plus efficace. Il est exclusivement en votre pouvoir royal de prendre avec le duc Rothsay les mesures que vous jugerez les plus convenables pour son bonheur et celui du royaume.

— Ceci est cruel, mon frère; vous m'indiquez la pénible carrière dans laquelle vous voulez que j'entre, et vous ne m'offrez point votre appui pour la parcourir.

— Mon appui est aux ordres de Votre Grace; mais de tous les hommes je dois être le dernier à conseiller à Votre Majesté des mesures sévères contre votre fils et votre héritier, le ciel m'en préserve! moi à qui, en cas d'extinction de votre famille, cette fatale couronne doit appartenir. Ne serait-il pas dit et pensé, par le violent March, pas l'orgueilleux Douglas, qu'Albany a semé la discorde entre le roi son frère et l'héritier du trône d'Écosse, afin d'en aplanir la route à sa propre famille? Non, sire! Je puis sacrifier ma vie à votre service; mais mon honneur doit se conserver intact.

— Vous dites vrai, Robert, vous dites très-vrai, reprit le roi en se hâtant d'interpréter suivant ses désirs les paroles de son frère; nous ne devons pas souffrir que ces lords puissans et dangereux s'aperçoivent qu'il y a quelque chose qui ressemble à la discorde dans la famille royale. Cela doit être évité par-dessus tout; ainsi nous allons encore essayer l'indulgence, dans l'espoir de corriger les folies de Rothsay. J'aperçois en lui de temps en temps des étincelles de raison qui le rendent digne d'être aimé. Il est jeune, bien jeune; il est prince, et dans toute la fougue de son âge. Nous aurons avec lui de la patience comme un bon cavalier avec un coursier indocile. Laissez passer cette humeur légère, et personne plus que vous ne sera satisfait de sa conduite. Vous m'avez quelquefois reproché avec tendresse d'être trop retiré, trop doux : Rothsay n'a point ces défauts.

— Je gagerais ma vie qu'il ne les a pas, reprit le duc sèchement.

— Il ne manque pas plus de jugement que de vivacité, continua le pauvre roi plaidant la cause de son fils contre son frère; je l'ai envoyé chercher pour assister au conseil aujourd'hui, et nous verrons comment il s'acquittera de son devoir. Vous convenez vous-même, Robert, que le prince ne manque ni de finesse ni de capacité pour les affaires, quand il est disposé à les traiter sérieusement.

— Sans aucun doute, sire, quand IL EST disposé à les traiter sérieusement.

— C'est ce que je dis, et mon cœur est satisfait que vous soyez d'accord avec moi, Robert, dans le dessein que j'ai d'essayer encore l'indulgence envers ce pauvre jeune homme. Il n'a plus de mère pour plaider sa cause auprès d'un père irrité. Il faut se le rappeler, Albany.

— Je désire que les moyens les plus agréables aux sentimens paternels de Votre Majesté soient aussi les plus sages et les meilleurs.

Le duc s'aperçut de l'innocent stratagème par lequel le roi essayait d'échapper à la conséquence de ses raisonnemens, désirant adopter, sous le prétexte d'avoir obtenu la sanction de son frère, une manière de procéder à l'égard de son fils entièrement opposée à ce qu'il venait de lui recommander. Mais quoiqu'il vît qu'il ne pouvait l'entraîner à suivre la conduite qu'il lui avait indiquée, il ne voulut point abandonner tout espoir, résolu de saisir une meilleure occasion pour obtenir les tristes avantages que de nouvelles querelles entre le roi et le prince lui donneraient bientôt.

Pendant ce temps, le roi Robert, craignant que son frère ne reprît le sujet pénible auquel il venait d'échapper, appela le prieur des Dominicains. — J'entends le trot d'un cheval, lui dit-il ; de l'endroit où vous êtes placé, vous pouvez voir dans la cour, révérend père ; regardez par la fenêtre, et dites-nous qui arrive. — Rothsay, n'est-ce pas ?

— Le noble comte de March avec sa suite, répondit le prieur.

— Cette suite est-elle nombreuse ? dit le roi. Ses gens entrent-ils dans la cour intérieure ?

Au même moment, Albany dit au roi, à voix basse : — Ne craignez rien, les Brandanes (1) de votre maison sont sous les armes.

Le roi le remercia par un signe de tête, tandis que le prieur répondait ainsi à la question qui lui avait été faite.

— Le comte est accompagné par deux pages, deux gentilshommes et quatre varlets. Un page le suit dans le grand escalier, portant l'épée de Sa Seigneurie. Le reste de la suite s'est arrêté dans la cour, et.... — Bon

---

(1) Les habitans de l'île de Bute étaient appelés Brandanes ; l'étymologie de ce nom est incertaine. L'île de Bute était le patrimoine du roi, et les naturels du pays composaient sa suite personnelle (*). (*Note de l'auteur.*)

(*) L'île de Bute est une des Hébrides dans le Frith de la Clyde : Rothsay en est la capitale. *Voyez* la carte générale de l'Écosse. — Éd.

Dieu, qu'est-ce que cela signifie? j'aperçois une chanteuse avec sa viole, se préparant à chanter sous les fenêtres de l'appartement royal, et dans le cloître des Dominicains, comme elle pourrait le faire dans la cour d'une hôtellerie! Je vais ordonner qu'on la chasse immédiatement.

— Ne le faites pas, mon père, dit le roi. Laissez-moi implorer la grace de la pauvre voyageuse. La gaie science qu'elle professe se trouve tristement associée à la misère à laquelle est condamnée cette race errante de ménestrels. En cela elle ressemble aux rois, qui trouvent partout des acclamations sur leur passage, et qui soupirent en vain après le bonheur paisible que le plus pauvre paysan goûte au milieu de sa famille. Que la chanteuse errante ne soit point chassée, mon père; laissez-la chanter, si cela lui plaît, devant les officiers et les cavaliers qui sont dans la cour. Peut-être cela les empêchera-t-il de se quereller les uns les autres; ils appartiennent à des maîtres si fougueux, si indomptables!

Ainsi s'exprima le monarque bien intentionné, mais faible, et le prieur s'inclina en signe d'obéissance. Tandis qu'il parlait, le comte de March entra dans la salle d'audience, dans le costume des cavaliers du temps, et le poignard au côté.

Il avait laissé dans l'antichambre le page d'honneur qui portait son épée. Le comte était beau et bien fait, son teint animé, ses cheveux touffus et blonds, et ses brillans yeux bleus étincelaient comme ceux d'un aigle; il trahissait dans ses manières, qui étaient cependant agréables, un caractère irritable et prompt, et sa position dans le monde, comme haut et puissant seigneur féodal, ne lui donnait que trop de liberté pour satisfaire ses passions.

— Je suis bien aise de vous voir, comte de March, dit le roi en s'inclinant gracieusement, vous avez été pendant long-temps absent de notre conseil.

— Sire, répondit March en saluant profondément le roi, et n'adressant au duc d'Albany qu'un salut hautain et cérémonieux, si j'ai été absent des conseils de Votre Majesté, c'est parce que ma place était remplie par des conseillers plus *agréables*, et, je n'en doute pas, plus habiles. Maintenant, je viens seulement pour dire à Votre Grace que les nouvelles reçues des frontières d'Angleterre rendent nécessaire que je retourne sans délai dans mes propres domaines. Votre Majesté a son frère, le sage, le politique duc d'Albany, avec lequel elle peut prendre des décisions, et le puissant et valeureux comte de Douglas, pour les exécuter. Je ne suis utile que dans mon pays, et je me propose d'y retourner incessamment avec la permission de Votre Majesté, pour y remplir ma charge de Gardien des frontières de l'est.

— Vous n'agirez pas si cruellement avec nous, cousin, répondit le bon monarque. Il y a de mauvaises nouvelles ici. Ces malheureux clans des Highlands commencent à se révolter ouvertement, et la tranquillité de notre propre cour requiert les meilleurs de nos conseillers et les plus braves de nos barons pour exécuter ce que nous aurons résolu. Le descendant de Thomas Randolph n'abandonnera sûrement pas le petit-fils de Robert Bruce dans une telle circonstance.

— Je laisse avec lui le descendant de James Douglas, plus célèbre encore. Sa Seigneurie se vante qu'elle ne met jamais le pied dans l'étrier sans avoir mille hommes à sa suite comme garde ordinaire ; et c'est, je suppose, ce que les moines d'Aberbrothock attesteront volontiers. Certainement, tous les chevaliers de Douglas sont plus capables de réprimer un essaim révolté de soldats des hautes-terres que je ne le suis de résister aux archers d'Angleterre et au pouvoir de Henry Hotspur. Et de plus, voilà Sa Grace le duc d'Albany, si zélé dans ses soins pour la sûreté de Votre Majesté, qu'il fait prendre les armes à vos Brandanes quand un sujet soumis s'approche de la résidence de son roi avec une pauvre demi-douzaine de chevaux, le cortège du plus mince baron qui possède une tour et mille acres de bruyère. Puisqu'on prend de telles précautions lorsqu'il n'y a pas la plus légère apparence de péril, — car je suppose qu'on n'en redoutait aucun de moi, — Votre Majesté sera certainement bien convenablement gardée dans un danger réel.

— Milord de March, dit le duc d'Albany, les plus minces barons dont vous venez de parler mettent leur suite sous les armes quand ils reçoivent leurs plus chers et leurs plus proches amis en-deçà de la grille de fer de leur château ; et, s'il plaît à Notre-Dame, je n'apporterai pas moins de soins pour la sûreté de la personne du roi, qu'ils n'en apportent pour la leur. Les Brandanes composent le cortège immédiat de Sa Majesté, ils appartiennent à sa maison, et cent d'entre eux sont une faible garde autour d'un roi, quand vous-même, milord, aussi-bien que le comte de Douglas, avez souvent à votre suite un nombre d'hommes dix fois plus considérable.

— Milord duc, répondit March, lorsque le service

du roi l'exigera, je pourrai me mettre en campagne avec dix fois le nombre de cavaliers que vous venez de nommer; mais je ne l'ai jamais fait avec des intentions hostiles contre Sa Majesté, non plus que par orgueil pour surpasser les autres nobles.

— Frère Robert, dit le roi remplissant encore son rôle de pacificateur, vous avez tort d'élever un soupçon contre milord de March. Et vous, cousin de March, vous vous méprenez sur la prudence de mon frère; mais écoutez : pour faire diversion à cette violente conférence, j'entends les sons d'une musique qui n'est pas sans agrément; vous connaissez cette joyeuse science, milord, et vous l'aimez; allez à cette fenêtre qui est làbas, à côté du saint prieur, auquel nous ne voulons adresser aucune question touchant les plaisirs mondains; vous nous direz si la musique et le lai sont dignes d'être écoutés. Les paroles sont françaises, je crois. Le jugement de mon frère d'Albany ne vaut pas celui d'une huitre sur de pareilles matières. Ainsi c'est vous, cousin, qui nous direz si la pauvre chanteuse mérite une récompense. Notre fils et lord Douglas arriveront bientôt, et alors, lorsque notre conseil sera assemblé, nous traiterons des sujets plus importans.

Quelque chose de semblable à un sourire dédaigneux se montra sur les lèvres et sur les fiers sourcils du comte de March, tandis qu'il se rendait dans l'embrasure de la fenêtre. Il se plaça en silence à côté du prieur. Tout en obéissant aux ordres du roi, il devinait et méprisait la timide précaution employée par le monarque pour prévenir une querelle. L'air, qui était joué sur une viole, fut d'abord vif et gai; on y reconnaissait une teinte de la simple musique des troubadours. Mais peu à peu la voix de femme et les sons de l'instrument qui l'accompagnait devinrent plaintifs et interrompus, comme s'ils eussent exprimé les sentimens pénibles de la chanteuse.

Le comte offensé, quel que fût d'ailleurs son goût pour les talens sur lequel le roi l'avait complimenté, donna, comme on doit le supposer, peu d'attention à la voix de l'étrangère. Son cœur orgueilleux était combattu par la fidélité qu'il devait à son souverain, aussi-bien que par l'amour qu'il conservait encore pour le bon monarque, et un désir de vengeance né d'une ambition trompée, et de l'injure qui lui avait été faite par la substitution de Marjory Douglas, devenue la femme de l'héritier du trône, à la place de sa propre fille, déjà fiancée à ce jeune prince. March avait les vices et les vertus des caractères irrésolus; et même alors qu'il venait adresser ses adieux au roi, avec l'intention de renoncer à la fidélité qu'il lui avait jurée aussitôt qu'il serait rendu dans ses propres domaines féodaux, il restait indécis sur un projet si criminel et rempli de tant de périls. Il fut occupé de ces réflexions pendant la première partie du lai de la jeune fille. Mais de nouveaux objets attirèrent plus puissamment son attention, détournèrent le cours de ses pensées, et les fixèrent sur ce qui se passait dans la cour du monastère. La romance était dans le dialecte provençal, langage de la poésie dans toutes les cours de l'Europe et particulièrement en Écosse. Les vers en étaient plus simples cependant que ne l'étaient en général les *sirventes*, et ressemblaient plutôt au lai d'un ménestrel du nord. On peut les traduire ainsi :

LE LAI DE LA PAUVRE LOUISE.

Pauvre Louise ! ta douce voix
Dans les manoirs, dans les chaumières,
Répète aux timides bergères :
Gardez-vous bien d'aller au bois.
  Pauvre Louise !

Pauvre Louise ! déjà le jour
Dardait ses feux sur ton visage :
L'air était frais dans le bocage,
Les oiseaux y chantaient l'amour !
  Pauvre Louise !

Pauvre Louise ! de ces beaux lieux
Jamais ne vint un loup terrible
Menacer le hameau paisible....
Pour toi le loup eût valu mieux !
  Pauvre Louise !

Pauvre Louise ! dans le sentier
Un chasseur paraît devant elle,
Et lui dit qu'il la trouve belle ;
L'or brillait sur son baudrier.
  Pauvre Louise !

Pauvre Louise ! pour ton bonheur
Combien l'or était peu de chose !
Ta bouche semblait une rose !
L'innocence était dans ton cœur.
  Pauvre Louise !

Pauvre Louise ! qu'est devenu
Ce qui devait te rendre fière ?
Le chasseur fut-il téméraire ?
Dis moi, ton cœur, l'as-tu perdu ?
  Pauvre Louise !

Pauvre Louise ! son triste chant
Ne vous invoquera plus guère ;
Son tombeau s'ouvre sur la terre :
Mais là-haut est un Dieu clément.
  Pauvre Louise !

La romance ne fut pas plus tôt achevée, que le roi, craignant que la dispute ne se renouvelât entre son frère et le comte de March, appela ce dernier. — Que pensez-vous de la musique, milord, lui dit-il ; il me semble, à la distance à laquelle je l'ai entendue, qu'elle était vive et agréable.

— Mon jugement ne fait pas loi, sire, répondit March, mais la chanteuse peut se passer de mon approbation, puisqu'elle semble avoir reçu celle de Sa Grace le duc de Rothsay, le premier juge d'Écosse.

— Comment! dit le souverain alarmé, mon fils est-il en bas?

— Il est sur son cheval près de la chanteuse, reprit March avec un malicieux sourire, et il semble autant intéressé par sa conversation que par sa musique.

— Qu'est-ce que cela signifie, père prieur, dit le roi. Mais le prieur se retira de la fenêtre.

— Je ne veux pas voir, sire, répondit-il, des choses qu'il me serait pénible de répéter.

— Qu'est-ce que tout cela signifie? dit une seconde fois le roi, dont la rougeur couvrit le visage, et qui sembla vouloir se lever de son siège; mais il changea de pensée, craignant d'être comme témoin de quelque folie du jeune prince, qu'il n'aurait peut-être pas le courage de punir avec la sévérité nécessaire. Le comte de March paraissait prendre du plaisir à instruire le monarque de ce que, sans contredit, il ne désirait pas savoir.

— Sire, s'écria-t-il, cela va de mieux en mieux. La chanteuse n'a pas seulement attiré l'attention du prince d'Écosse, ainsi que celle de tous les varlets et soldats qui sont dans la cour, mais elle a captivé celle de Douglas le Noir, que nous n'avions point reconnu jusqu'à présent pour un admirateur si passionné de la gaie science. Mais, en vérité, je conçois sa surprise, car le prince vient d'honorer le joli professeur de chant et de viole d'un baiser d'approbation.

— Comment! dit le roi, Rothsay joue avec une chanteuse, et cela en présence de son beau-père? Allez, mon bon père prieur, envoyez-moi le prince ici immédiatement; allez, mon cher frère. — Et lorsqu'ils eurent l'un et l'autre quitté l'appartement, le roi continua : — Allez, bon cousin de March, tout cela finira mal, j'en suis sûr; je vous en prie, allez, cousin, et ajoutez mes ordres aux prières de l'abbé.

— Votre Majesté oublie, dit le comte de March avec l'accent d'une personne profondément offensée, que le père d'Élisabeth de Dunbar ne serait point un intercesseur convenable entre Douglas et son royal gendre.

— J'implore votre pardon, répondit le bon vieillard, je conviens qu'on a eu tort envers vous; — mais mon fils sera assassiné; il faut que j'y aille moi-même.

Le pauvre roi, en quittant précipitamment son siège, manqua une marche, trébucha, et tomba lourdement sur le carreau. Sa tête heurta l'angle du fauteuil, et pendant une minute il perdit l'usage de ses sens. La vue de cet accident calma subitement le ressentiment de March, et attendrit son cœur. Il courut vers le monarque, le replaça sur son siège, employant avec autant de tendresse que de respect les moyens qui lui semblaient les plus convenables pour le rappeler à la vie. Robert ouvrit les yeux, et regarda autour de lui d'un air égaré.

— Qu'est-il arrivé?... Sommes-nous seuls?... Qui est avec nous?

— Votre sujet soumis, March, répondit le comte.

— Seul avec le comte de March! répéta le roi, qui dans son trouble ne pouvait entendre sans alarmes le nom d'un Chef puissant qu'il savait avoir mortellement offensé.

— Oui, mon gracieux souverain, avec le pauvre George de Dunbar, qu'on a voulu perdre dans l'esprit de Votre Majesté, et qui, dans le moment du danger, serait peut-être plus fidèle à votre royale personne que ses accusateurs.

— En vérité, cousin, on a eu de trop grands torts envers vous; mais, croyez-moi, nous tâcherons de les réparer.

— Si Votre Majesté le désire, interrompit le comte, ils peuvent l'être en effet; le prince et Marjory Douglas sont proches parens; — la dispense de Rome fut accordée sans les formalités nécessaires! — leur mariage ne peut être valide. — Le pape, disposé à tout faire pour un monarque si religieux, rompra cette union peu chrétienne, en raison du premier contrat. Réfléchissez bien, sire, continua le comte, enflammé par les pensées ambitieuses auxquelles cette occasion imprévue de plaider lui-même sa propre cause avait donné lieu, réfléchissez à votre choix entre Douglas et moi. Il est grand et puissant, j'en conviens; mais George de Dunbar porte les clefs d'Écosse à sa ceinture, et pourrait amener une armée aux portes d'Édimbourg avant que Douglas pût quitter les limites de Cairntable pour s'y opposer. Votre royal fils aime ma pauvre fille abandonnée, il hait l'orgueilleuse Marjory de Douglas.

Votre Majesté peut juger du respect qu'il lui porte, par sa conduite avec une chanteuse errante même en la présence de son beau-père.

Le roi avait écouté les raisonnemens du comte avec l'attention troublée d'un timide cavalier emporté par un cheval impétueux dont il ne peut ni arrêter ni diriger la course. Mais les derniers mots éveillèrent dans son esprit la pensée du danger que courait son fils. Il dit d'une voix troublée : — O Dieu ! cela est trop vrai. — Mon fils ! — Douglas ! — Ah ! mon cher cousin, évitez que le sang ne soit répandu, et tout sera comme vous le désirerez. — Écoutez, j'entends du bruit, c'est le choc des armes !

— Par ma couronne de comte ! par ma foi de chevalier ! dit March regardant à la fenêtre qui donnait sur la cour intérieure du couvent, alors pleine de gens armés brandissant leurs sabres, et dont les échos répétaient le bruit du choc des armures. L'entrée voûtée et profonde était remplie de guerriers, aussi-bien que son extrémité ; on pouvait prévoir qu'un combat allait s'engager entre ceux qui essayaient de fermer la porte et ceux qui se pressaient pour la franchir.

— Je vais me rendre dans la cour, continua le comte de March, et réprimer promptement cette querelle subite, suppliant humblement Votre Majesté de réfléchir à ce que j'ai eu la hardiesse de lui proposer.

— Je le ferai, je le ferai, beau cousin, dit le roi, songeant à peine à quoi il s'engageait. Allez, prévenez le tumulte, et empêchez que le sang ne soit répandu.

CHAPITRE X.

Nous devons raconter maintenant plus en détail les événemens qui avaient été vus d'une manière peu distincte de la fenêtre des appartemens royaux, et peut-être racontés plus inexactement encore par ceux qui en avaient été les témoins. La jeune fille dont nous avons déjà parlé s'était placée dans un lieu où deux larges marches donnant accès au grand escalier, lui avaient offert l'avantage d'être d'un pied et demi plus élevée que ceux qui étaient dans la cour, et qu'elle espérait de voir composer son auditoire. Elle portait l'habillement de son état; il était plus fastueux que riche, et dessinait les formes de sa personne plus que ne le faisaient alors les vêtemens des autres femmes. Elle avait posé près d'elle son manteau et un petit panier qui contenait sa mince garderobe; un jeune chien de la race des épagneuls était couché près de son bagage, et semblait le garder. Une jaquette d'un bleu d'azur, ouverte par-devant, brodée d'argent, et serrant la taille de la chanteuse, laissait voir plusieurs camisoles de soie de différentes couleurs, dont la coupe dessinait les contours des épaules et de la poitrine. Une petite chaîne d'argent autour du cou se perdait parmi les camisoles, et reparaissait de nouveau pour montrer une médaille du même métal, qui indiquait dans quelle cour ou société de ménestrels la jeune fille avait pris ses degrés dans la *gaie* ou *joyeuse* science. Une petite mallette ou sachet de cuir (1) suspendue par-dessus ses épaules au moyen d'un ruban de soie bleue, pendait sur son côté gauche.

Son teint brun, ses dents blanches comme la neige, ses brillans yeux noirs, sa coiffure, disaient que son pays natal était la partie la plus méridionale de la France; le sourire malin de sa bouche et son menton à fossette portaient le même caractère. Ses beaux cheveux tressés autour d'une petite aiguille d'or, étaient retenus par un filet de soie mélangé d'or. Un court jupon bordé d'argent correspondant à la jaquette, des bas rouges qui se voyaient jusqu'au milieu de la jambe, et des bottines de peau espagnoles complétaient son ajustement, qui sans être neuf était cependant celui des jours de fête, et dont un grand soin avait conservé la propreté. Elle semblait avoir vingt-cinq ans, mais peut-être la fatigue d'une vie errante avait anticipé sur la main du temps pour détruire la fraîcheur de sa première jeunesse.

Nous avons dit que les manières de la jeune chanteuse étaient vives, nous devons ajouter que ses reparties étaient promptes. Il y avait dans sa gaieté une certaine affectation, parce que cette gaieté était chez elle une des obligations d'un état qui au nombre de ses

---

(1) Scrip. — Éd.

désagrémens comptait celui de forcer fréquemment à cacher les chagrins du cœur sous un sourire. On pouvait deviner que tel était le sort de Louise, qui, soit qu'elle fût réellement l'héroïne de sa propre romance, soit par quelque autre cause de tristesse, révélait souvent malgré elle une suite de pensées profondément mélancoliques, qui tempéraient la vivacité d'esprit que la pratique de la science joyeuse exigeait; Louise manquait aussi, même dans ses saillies les plus gaies, de la hardiesse et de l'effronterie des femmes de son état, qui n'étaient jamais embarrassées pour répondre à un geste insolent, et mettre les rieurs contre ceux qui les interrompaient ou se moquaient d'elles.

Il était impossible que cette classe de femmes, nombreuse à cette époque, eût un caractère généralement respecté. Elles étaient néanmoins protégées par les idées du temps, et surtout par les lois de la chevalerie; rien n'était plus rare que d'entendre ces damoiselles errantes se plaindre d'injures ou de torts commis à leur égard. Elles passaient et repassaient sans danger dans des lieux où des hommes armés auraient probablement rencontré une sanglante opposition. Mais quoique souffertes et protégées en honneur de leur art, les ménestrels des deux sexes, semblables aux musiciens et aux comédiens ambulans de nos jours, menaient une vie trop irrégulière et trop misérable pour être une partie respectable de la société. Parmi les plus scrupuleux catholiques cette profession était même regardée comme un crime.

Telle était la jeune fille qui, placée sur l'espèce d'élévation dont nous avons parlé, s'avança vers les spectateurs, et s'annonça comme ayant reçu ses titres dans la gaie science par un bref d'une cour d'amour et de musique (1), tenue à Aix en Provence sous les auspices de la fleur de la chevalerie, le galant comte Aymer. Elle venait demander aux chevaliers d'Écosse, connus dans tout le vaste monde par leur bravoure et leur courtoisie, de permettre à une pauvre étrangère d'essayer de leur procurer quelque amusement par son art. L'amour du chant était à cette époque, comme l'amour de la gloire, une passion générale, que chacun affectait, soit qu'il la possédât ou non : ainsi la proposition de Louise fut universellement acceptée. Dans ce moment un vieux moine qui se trouvait parmi les spectateurs crut nécessaire de rappeler à la jeune fille que, puisqu'elle était soufferte dans des murs où l'on n'avait point l'habitude de recevoir les personnes de son état, il espérait que rien ne serait dit ni chanté qui pût souiller le saint caractère du lieu.

La jeune chanteuse courba profondément la tête, secoua les boucles de ses cheveux, et se signa dévotement, comme si elle reconnaissait l'impossibilité d'une telle transgression ; elle commença ensuite la chanson de la pauvre Louise, que nous avons rapportée à la fin du dernier chapitre.

Ce fut à cet instant que sa voix fut couverte par le cri de — Place, place au duc de Rothsay !

— Ne dérangez personne à mon sujet, dit un jeune et galant cavalier qui entra monté sur un coursier d'Arabie qu'il conduisait avec grace. Ce cavalier tenait

(1) Il y a eu plusieurs cours d'amour en Provence. Les pièces de poésie des traboudours se divisaient en *sonts* (sonnets), *cansouns* (chansons) *sirventes,* poëmes généralement satiriques; *madrigales* (madrigaux), *tensons,* ou dialogues rimés, etc. — Éd.

si légèrement les rênes, et lorsqu'il pressait les flancs de son cheval ses mouvemens étaient si peu visibles, que l'animal semblait avancer par sa propre volonté, et porter un cavalier trop indolent pour le conduire.

Le prince était couvert de vêtemens fort riches, mais il régnait dans toute sa toilette une extrême négligence. Quoique sa taille fût petite et ses membres délicats, sa tournure était élégante et ses traits étaient beaux. Mais un air de souffrance répandu sur son visage paraissait produit par les soucis ou la dissipation, ou peut-être par ces deux causes réunies. Ses yeux étaient ternes et cernés par les veilles et les débauches de la nuit précédente, tandis que ses joues, d'un rouge enflammé, attestaient ou la fatigue de l'orgie nocturne, ou le secours que le prince avait cherché dans des liqueurs spiritueuses pour en détruire l'effet.

Tel était le duc de Rothsay, l'héritier de la couronne d'Écosse, objet d'intérêt autant que de compassion. Chacun se découvrit et lui ouvrit un passage, tandis qu'il répétait négligemment : — Ne vous pressez pas, ne vous pressez pas; j'arriverai toujours assez tôt dans le lieu où je me rends. — Mais que vois-je ? Une damoiselle de la gaie science ! par saint Giles, et une jolie fille encore ! — Ne vous dérangez pas, vous dis-je ; jamais musique ne fut troublée par moi. Une jolie voix, par la messe ! Recommencez encore ce couplet, jeune fille.

Louise ne connaissait pas le jeune homme qui lui parlait. Mais le respect général que chacun lui portait, et l'aisance avec laquelle il recevait les marques de déférence, disaient assez que c'était un homme du plus haut rang. Elle recommença, et chanta de son mieux.

Le jeune duc devint pensif vers la fin de la romance. Mais il n'avait pas l'habitude de conserver long-temps une impression mélancolique.

— Voilà des couplets bien tristes, ma jolie brune, dit-il en caressant la jeune chanteuse sous le menton, et la retenant par le collet de son habit, ce qui n'était pas difficile, ayant arrêté son cheval près de la marche sur laquelle la jeune fille était placée. — Mais je gagerais que vous savez des chansons plus gaies, *ma bella tenebrosa*, et que vous pouvez chanter sous un abri de verdure comme au milieu d'une plaine, et la nuit tout aussi-bien que le jour.

— Je ne suis point un rossignol, milord, répondit Louise, essayant d'échapper à un genre de galanterie qui ne convenait pas aux lieux où elle se trouvait, circonstance à laquelle celui qui lui parlait ne semblait pas faire la moindre attention.

— Qu'avez-vous là, mon enfant? ajouta le prince en lâchant le collet de l'habit de Louise pour saisir la mallette qu'elle portait.

Louise défit adroitement le nœud du ruban, et laissant le petit sac entre les mains du prince, elle s'éloigna en disant : — Ce sont des noisettes, milord, des noisettes du dernier printemps.

Le prince en prit sa main pleine, et s'écria : — Des noisettes, jeune fille! elles briseront tes dents d'ivoire, elles gâteront ta jolie voix. En prononçant ses mots il en cassa une entre ses dents, comme un écolier de village.

— Ce ne sont pas des noisettes de mon beau pays, dit Louise; mais l'arbre était peu élevé, et les fruits à la portée de la main du pauvre.

— Vous aurez quelque chose qui vous procurera une meilleure nourriture, dit le duc d'un accent où il y avait plus de bonté que dans sa galanterie dédaigneuse et affectée.

Au moment où il se détournait pour demander sa bourse à quelqu'un de sa suite, le prince rencontra le regard sévère et perçant d'un grand homme noir, monté sur un cheval gris de fer, qui était entré avec ses gens tandis que le duc de Rothsay causait avec Louise, et qui restait pétrifié par la colère et la surprise que lui occasionait un spectacle si inconvenant. Celui qui n'eût point encore vu Douglas-le-Noir l'aurait reconnu à son teint basané, à sa taille gigantesque, à son buffetin ou justaucorps de peau de taureau, à son air calme, courageux et réfléchi, mêlé à une fierté indomptable. Il avait perdu un œil à la guerre, et quoique ce malheur ne fût pas visible au premier abord, la prunelle étant restée intacte, sa physionomie en conservait une expression morne et immobile.

La rencontre du gendre royal et de son terrible beau-père dans de telles circonstances captiva l'attention de tous ceux qui étaient présens. Chacun en attendait l'issue en silence, et retenait sa respiration comme pour mieux entendre et voir ce qui allait se passer.

Lorsque le duc de Rothsay comprit à l'expression des traits ordinaires et mornes de Douglas que le comte ne semblait disposé à lui accorder ni le respect qui était dû à son rang, ni même le salut de la simple politesse, il prit la résolution de lui montrer combien il attachait peu d'importance à ses regards désapprobateurs. Prenant sa bourse des mains de son chambellan.

— Tiens, jolie fille, dit-il, je te donne une pièce d'or pour ces couplets que tu m'as chantés, une autre pour les noisettes que je t'ai volées, et une troisième pour le baiser que tu vas me donner; car apprends, ma jolie chanteuse, que lorsqu'une belle bouche (et la tienne, faute de mieux, peut être appelée ainsi) fait entendre pour mon bon plaisir une douce musique, j'ai juré à saint Valentin de la presser contre la mienne.

— Mes chants sont noblement récompensés, dit Louise en reculant, mes noisettes ont été vendues à un bon prix; tout autre marché, milord, ne serait pas digne de vous et ne saurait me convenir.

— Quoi! vous faites la réservée, nymphe des grands chemins, dit le prince avec mépris. Sachez, damoiselle, que celui qui vous demande une grace n'est point habitué aux refus.

— C'est le prince d'Écosse, le duc de Rothsay, dirent les courtisans à la pauvre fille effrayée, en se pressant autour d'elle; ne contrariez point ses caprices.

— Mais je ne puis m'élever jusqu'à Votre Seigneurie, dit Louise; vous êtes si haut sur votre cheval.

— S'il faut que je descende de cheval, l'amende sera plus forte encore, dit le duc de Rothsay. Eh bien! pourquoi donc cette fille tremble-t-elle? Place ton pied sur le bout de ma botte, maintenant donne-moi ta main. — Bien, c'est cela. Et il l'embrassa tandis qu'elle était ainsi suspendue en l'air, perchée sur son pied et soutenue par sa main. Voici ton baiser et voici ma bourse, lui dit-il, et, pour t'honorer davantage, Rothsay portera ta mallette pendant le reste du jour. Alors il permit à la jeune fille de sauter à terre, et tourna ses regards dédaigneux sur le comte de Douglas; comme s'il eût dit, — Tout cela est en dépit de vos droits et de ceux de votre fille.

— Par sainte Brigite de Douglas, dit le comte, c'en est trop, grossier jeune homme, aussi dépourvu de sens que d'honneur! Vous savez quelles sont les considérations qui retiennent la main de Douglas, ou vous n'auriez pas osé....

— Savez-vous jouer aux billes, milord? dit le prince en plaçant une noisette sur la seconde articulation de son index, et la chassant par un mouvement du pouce. La noisette alla frapper la poitrine large de Douglas, qui fit entendre une exclamation horrible causée par une fureur dont les sons inarticulés ressemblaient au mugissement d'un lion.

— Je vous demande pardon, puissant seigneur, dit le duc de Rothsay tranquillement, tandis que chacun tremblait autour de lui, je n'aurais pas cru qu'une noisette pût vous blesser en voyant votre buffetin; j'espère qu'elle n'a point touché votre œil?

Le prieur envoyé par le roi, comme nous l'avons vu dans le chapitre précédent, était enfin parvenu à se frayer un chemin à travers la foule; et, retenant les rênes du cheval de Douglas de manière à l'empêcher d'avancer, il lui rappela que le prince était le fils de son souverain et le mari de sa fille.

— Ne craignez rien, père prieur, répondit Douglas; je méprise trop cet enfant pour lever un doigt contre lui. Mais je rendrai insulte pour insulte. — Ici, quelqu'un de ceux qui aiment Douglas! — Chassez-moi à coups de pied cette gourgandine hors du monastère, et qu'elle soit fustigée de manière à se ressouvenir jusqu'au dernier jour de sa vie qu'elle a donné lieu à un jeune étourdi d'insulter Douglas.

Plusieurs hommes s'avancèrent pour exécuter des ordres qui étaient rarement donnés en vain ; et la pauvre Louise eût expié cruellement une offense dont elle avait été la cause innocente et involontaire, si le duc de Rothsay ne l'eût prise sous sa protection.

— Chasser à coups de pied la pauvre chanteuse ! dit-il avec indignation, la fouetter parce qu'elle m'a obéi ! chasse à coups de pied tes malheureux vassaux opprimés, farouche comte ; fouette tes lévriers en défaut ! mais prends garde de porter la main ne fût-ce que sur un chien que la main de Rothsay aurait caressé, et moins encore sur une femme dont les lèvres ont pressé les siennes.

Avant que Douglas pût faire entendre sa réponse, qui eût certainement été un défi, il s'éleva un grand tumulte à la porte extérieure du monastère, et des hommes, les uns à cheval, les autres à pied, se culbutèrent pour entrer dans la cour. Ils ne se battaient pas, cependant ils semblaient avoir des intentions hostiles les uns envers les autres.

Quelques-uns furent reconnus pour être des partisans des Douglas, au cœur sanglant qu'ils portaient brodé sur l'épaule ; les autres étaient des bourgeois de la ville de Perth. Il paraît qu'ils s'étaient battus jusqu'aux portes du couvent ; mais par respect pour un lieu sanctifié, ils baissèrent leurs armes en entrant dans le monastère, et réduisirent leur querelle à une guerre de mots et d'injures.

Ce tumulte eut le bon effet de séparer le prince et

Douglas au moment où la légèreté de l'un et l'orgueil de l'autre les poussaient aux plus violentes extrémités. Mais des pacificateurs se présentèrent de tous côtés. Le prieur et les moines se jetèrent parmi la foule, commandant la paix au nom du ciel et au nom du respect dû aux lieux saints, sous peine d'excommunication. On écouta leurs prières; le duc d'Albany, qui avait été envoyé par son frère au commencement de cette querelle, arriva dans ce moment. Il s'adressa sur-le-champ à Douglas, le conjurant à voix basse de modérer sa colère.

— Par sainte Brigite de Douglas! je me vengerai, répondit le comte; lorsque Douglas a reçu un affront, malheur à l'homme qui a osé le provoquer!

— Vous pouvez vous venger lorsqu'il sera temps de combattre, dit Albany, mais qu'il ne soit pas dit que le grand Douglas, comme une femme hargneuse, ne sait choisir ni le lieu ni le temps de la vengeance. Considérez que tout ce que nous avons fait est au moment d'être détruit par une fatale circonstance. George de Dunbar vient d'avoir une conversation particulière avec le bonhomme, et, quoiqu'elle n'ait duré que cinq minutes, je crains qu'il n'ait engagé le roi à dissoudre une alliance que nous avons formée avec tant de peine. La sanction de Rome n'a point encore été obtenue.

— Bagatelle, répondit Douglas avec hauteur; ils n'oseront pas la dissoudre.

— Non, tant que Douglas sera en liberté, répondit le duc, et en possession de son pouvoir. Mais, noble comte, venez avec moi, et je vais vous montrer la position désavantageuse dans laquelle vous vous êtes placé.

Douglas descendit de cheval, et suivit en silence son rusé compagnon. Ils virent dans une salle basse les Brandanes qui avaient pris les armes ; ils étaient couverts de leur casque d'acier et de leur cotte de mailles. Leur capitaine salua le duc d'Albany, et parut désirer lui parler.

— Qu'est-ce, Mac Louis? dit le duc.

— Nous savons que le duc de Rothsay a été insulté, dit le capitaine, et je puis à peine retenir les Brandanes dans cette salle.

— Brave Mac Louis, dit le duc, et vous, fidèles Brandanes, le prince mon neveu, le duc de Rothsay, est aussi bien qu'aucun gentilhomme peut l'être. Il y a eu quelque désordre, mais tout est tranquille maintenant.

Albany conduisit le comte plus loin, et lui dit à voix basse. — Vous voyez, milord, que si le mot d'*arrestation* était une fois prononcé, on serait promptement obéi, et vous conviendrez que votre suite est peu nombreuse pour employer la résistance.

Douglas se soumit à la nécessité d'attendre patiemment une autre occasion. — Dussé-je, se dit-il, me mordre les lèvres jusqu'au sang, je garderai le silence tant qu'il ne sera pas l'heure de parler.

Pendant ce temps, George de March avait entrepris la tâche plus facile d'apaiser le prince. — Milord de Rothsay, dit-il en s'avançant d'un air grave et cérémonieux, je n'ai pas besoin de vous dire que vous me devez quelque réparation, quoique je ne vous blâme pas personnellement de l'injure qui a détruit la paix de ma famille. Laissez-moi conjurer Votre Grace, par les égards qu'on doit aux prières d'un homme qui oublie sa propre offense, de laisser là pour l'instant cette scandaleuse querelle.

— Milord, je dois beaucoup d'égards à vos prières, répondit Rothsay, mais ce censeur farouche, cet orgueilleux lord a blessé mon honneur.

— Milord, je n'ai rien à ajouter, sinon que votre père est malade; il a perdu connaissance en pensant au danger que vous couriez.

— Malade! mon père! ce bon vieillard! il s'est évanoui, dites-vous, milord de March? Je vole près de lui.

Le duc de Rothsay descendit précipitamment de cheval, et il courait vers le palais comme un jeune lévrier lorsqu'une faible main saisit son manteau, et une femme à genoux s'écria d'une voix tremblante : — Protection, mon noble prince, protection pour une malheureuse étrangère.

— Lâchez ce manteau, vagabonde, dit le comte de March repoussant la suppliante chanteuse.

Mais le jeune prince s'arrêta. — Il n'est que trop vrai, dit-il, j'ai appelé sur la tête de cette pauvre créature la vengeance d'un démon qui ne pardonna jamais. O ciel! quelle destinée que la mienne, fatale même à ceux qui m'approchent!.... Que faire dans cette circonstance?... Elle ne doit point entrer dans mes appartemens, et tous mes gens sont de tels réprouvés!... Ah! te voilà près de moi, honnête Henry Smith? que fais-tu ici?

— Il y a eu quelque chose de semblable à un coup de main, milord, répondit notre connaissance l'armurier, entre les habitans de la ville et ces vauriens partisans des Douglas; nous les avons étrillés jusqu'aux portes de l'abbaye.

— J'en suis bien aise, j'en suis bien aise ; j'espère que vous avez battu les drôles dans les règles (1).

— Dans les règles, dit Votre Altesse? reprit Henry, mais oui ! Nous avions, il est vrai, l'avantage du nombre ; mais aussi il n'est pas de cavaliers mieux armés que ceux du Cœur sanglant : ainsi dans un sens nous les avons battus dans les règles ; car, comme Votre Altesse le sait, c'est le forgeron qui fait les hommes d'armes, et des hommes bien armés ne craignent pas le nombre.

Tandis qu'ils parlaient ainsi, le comte de March, qui s'était adressé à quelqu'un près de la porte du palais, revint précipitamment et s'écria : — Milord duc, milord duc, votre père est rétabli, et si vous ne vous hâtez pas, le duc d'Albany et Douglas auront le temps de le prévenir contre vous.

— Si mon père est rétabli, dit le prince léger, et s'il tient ou va tenir conseil avec mon gracieux oncle et le comte de Douglas, il ne convient ni à Votre Seigneurie ni à moi de paraître sans être appelé. Ainsi j'ai le temps de causer de mes affaires avec cet honnête armurier.

— Si cela est ainsi, dit le comte, dont les espérances d'une nouvelle faveur à la cour naissaient et s'évanouissaient avec la même promptitude ; s'il en est ainsi, ne comptez plus sur George de Dunbar.

Il se glissa dans la foule d'un air sombre et mécontent. Ainsi, à une époque où l'aristocratie était si dangereuse pour le trône, l'héritier de la couronne se fit deux ennemis des deux plus puissans seigneurs d'Écosse ; il offensa l'un par un méprisant défi, et l'autre

---

(1) Fairly : *de franc jeu,* etc. — Éd.

par une coupable légèreté. Le duc de Rothsay s'aperçut à peine du départ du comte, ou pour mieux dire il s'applaudit d'avoir échappé à ses importunités.

Le prince continua pendant quelque temps une conversation insignifiante avec notre armurier, qui, grace à son adresse dans son art, était connu des plus grands seigneurs de la cour.

— J'avais quelque chose à te demander, Smith, dit le prince ; pourrais-tu reprendre un anneau rompu dans mon haubert de Milan?

— Aussi bien, sous le bon plaisir de Votre Grace, que ma mère reprenait les nœuds de son filet : le Milanais qui l'a fait ne pourra reconnaître son ouvrage du mien.

— Très-bien! mais ce n'est pas cela que je désirais de toi tout à l'heure, dit le prince; il faut conduire en un lieu de sûreté cette pauvre chanteuse, mon brave Smith. Tu es un homme capable de servir de champion à une femme : je remets celle-ci sous ta protection.

Henry Smith, comme nous l'avons vu, était hardi et entreprenant, lorsqu'il était question de querelles ou d'armes; mais il avait aussi la fierté d'un bourgeois, et ne désirait nullement se mettre dans des circonstances équivoques, qui pourraient lui attirer le blâme de la classe scrupuleuse de ses concitoyens.

— Sous le bon plaisir de Votre Grace, dit-il, je ne suis qu'un pauvre artisan; mais quoique mon bras et mon épée soient au service du roi et de Votre Grace, je ne suis point, sauf votre respect, l'écuyer des dames. Votre Grace trouvera parmi ses courtisans des chevaliers et des lords d'assez bonne volonté pour jouer le rôle de sir Pandarus de Troyes (1) : c'est un rôle trop chevaleresque pour le pauvre Henry du Wynd.

— Ah! ah! dit le prince, ma bourse, Edgar.... Mais j'oubliais que je l'ai donnée à cette pauvre fille : je vous connais assez vous autres artisans, en général, pour m'être aperçu qu'on ne prend point les faucons les mains vides ; mais je suppose que ma parole répondra pour le prix d'une bonne armure, et je te la paierai en y ajoutant des remerciemens pour ce léger service.

— Votre Altesse peut connaître d'autres ouvriers, répondit l'armurier ; mais, sauf votre respect, elle ne connait point Henry Gow. Il vous obéira toutes les fois que vous lui commanderez de fabriquer des armes ou d'en raccommoder, mais il ne se mêle point de rendre service à des princes quand il y a quelques jupons sous jeu.

— Écoute, mulet de Perth, dit le prince en souriant de l'opiniâtre point d'honneur du bourgeois, cette fille ne m'est rien, pas plus qu'à toi ; mais dans un moment d'étourderie, comme tu as dû l'entendre dire si tu ne l'as pas vu toi-même, je lui ai accordé une faveur en passant, qui peut-être lui coûtera la vie. Il n'y a personne ici à qui je puisse me fier pour la protéger contre les courroies des ceinturons et les cordes d'arc avec lesquelles les brutes qui sont à la suite de Douglas la fustigeront, puisque tel est le bon plaisir du comte.

— Si cela est ainsi, monseigneur, cette femme a des droits à la protection de tout honnête homme, et puis-

---

(1) Sir Pandarus de Troyes était à cette époque un *entremetteur* selon les chroniques. Shakspeare s'en empara et lui fit jouer le même rôle dans *Troïlus et Cressida*. — Éd.

qu'elle porte un cotillon, quoique je voudrais qu'il fût moins court et d'une mode moins singulière, je réponds de sa sûreté autant que le peut un seul homme. Mais où faut-il que je la conduise?

— Par ma foi, je ne puis pas vous le dire ; menez-la chez sir John Ramorny... Mais, non, non, il ne se porte pas bien, et en outre il y a des raisons... Menez-la au diable si vous voulez, mais qu'elle soit en sûreté, et vous obligerez Robin de Rothsay.

— Mon noble prince, dit l'armurier, je pense, toujours sauf le respect que je vous dois, que j'aimerais autant confier une femme sans défense aux soins du diable qu'à ceux de sir John Ramorny. Mais quoique le diable travaille au milieu du feu ainsi que moi, je ne connais point sa demeure, et j'espère, avec l'aide de la sainte Église, le tenir toujours à une distance respectueuse de la mienne. Mais comment m'y prendre pour conduire cette femme hors de la foule et à travers les rues avec son habit de comédienne? Voilà une nouvelle question.

— Quant à sortir du couvent, ce bon moine, dit le prince en saisissant par le capuchon le premier moine qui tomba sous sa main, père Nicolas ou Boniface...

— Le pauvre frère Cyprien, aux ordres de Votre Altesse, dit le religieux.

— Eh bien! le frère Cyprien, continua le prince, vous conduira par quelque passage secret qu'il doit connaître, et je le reverrai pour lui offrir les remercîmens d'un prince. Le religieux salua en signe de consentement, et la pauvre Louise, dont les regards, pendant ce débat, s'étaient arrêtés alternativement, tantôt sur le prince, tantôt sur Henry Smith, dit avec vivacité :

— Je ne scandaliserai pas davantage ce brave homme par mon fol ajustement; j'ai un mantelet dont je me sers ordinairement.

— Eh bien! Smith, dit le prince en riant, tu as le capuchon d'un religieux et le mantelet d'une femme pour t'abriter : je voudrais bien que mes folies fussent cachées aussi saintement! Adieu, honnête garçon; nous nous reverrons bientôt.

Alors, comme s'il craignait quelque nouvelle objection de la part de l'armurier, il entra précipitamment dans le palais.

Henry Gow resta stupéfait après le départ du prince. Il se voyait engagé dans une affaire non-seulement dangereuse, mais bien capable d'occasioner du scandale; ce qui, joint à la part qu'il avait prise dans la dispute, avec son impétuosité ordinaire, pourrait renverser d'un seul coup toutes ses espérances. Cependant, laisser une créature sans défense exposée à la barbarie des Galwégians (1) et à la licence des partisans de Douglas, c'était une pensée que l'ame noble de Henry ne pouvait supporter un seul instant.

Il fut tiré de cette rêverie par la voix du moine, qui, avec l'accent de cette indifférence que les religieux éprouvent ou affectent pour les affaires temporelles, le pria de le suivre. L'armurier se mit en marche avec un soupir qui ressemblait à un gémissement, et, sans donner une grande attention au chemin qu'il parcourait, il fut précédé par le moine dans un cloître et à travers une poterne que le religieux laissa ouverte après avoir regardé derrière lui. Venait ensuite Louise, qui

(1) Habitans du comté de Galloway. — Éd.

avait pris à la hâte son petit paquet, avait appelé le fidèle animal compagnon de ses courses lointaines, et fuyait toute troublée un lieu où elle avait couru de si terribles dangers.

CHAPITRE XII.

Le moine les conduisit, par un secret passage, dans l'église du couvent, dont les portes intérieures, ordinairement ouvertes, avaient été fermées pendant le tumulte qui venait d'avoir lieu lorsque les séditieux des deux partis essayèrent d'y pénétrer avec d'autres motifs que ceux de la dévotion.

Ils traversèrent les bas-côtés de l'église, dont les sombres voûtes résonnaient sous le pas pesant de l'armurier, restaient muettes sous la sandale du moine et le pas plus léger encore de Louise, qui tremblait autant de crainte que de froid. Elle s'apercevait que ni l'un ni l'autre de ses deux conducteurs n'avait pour elle la moindre considération. Le moine était un homme austère, dont les regards annonçaient qu'il éprouvait pour la pauvre fille errante autant d'horreur que de mépris.

L'armurier, quoique le meilleur homme du monde, comme nous l'avons déjà vu, était mécontent de jouer un rôle qui ne lui convenait pas ; il sentait l'impossibilité d'y renoncer, et cette pénible contrariété répandait sur son visage un air grave qui allait jusqu'à la sévérité.

Sa mauvaise humeur retombait naturellement sur la pauvre fille confiée à sa garde ; il se disait intérieurement en regardant la chanteuse avec mépris : — Moi ! un honnête bourgeois ! traverser les rues de [Perth avec cette reine des mendians ! Cette jolie comédienne peut aussi bien détruire une réputation que tout le reste de sa confrérie, et me voilà bien avancé si ma galanterie chevaleresque arrive jusqu'aux oreilles de Catherine. Ce sera pis que si j'avais tué un homme, fût-ce le meilleur de Perth ; et par le marteau et les clous ! j'aurais mieux aimé le faire, si j'avais été provoqué par lui, que de conduire cette vagabonde à travers la ville.

Peut-être Louise devina-t-elle la cause de l'inquiétude de Henry, car elle lui dit avec hésitation et timidité : — Digne sire, ne ferais-je pas bien de m'arrêter un instant dans cette chapelle pour mettre mon mantelet ?

— Oh bien ! jeune fille, vous avez raison, répondit Smith. Mais le moine se détourna, levant en même temps la main, comme pour faire un signe d'interdiction.

— La chapelle de saint Madox, dit-il, n'est point un cabinet de toilette pour de vils jongleurs et des vagabonds ; je vais te montrer tout à l'heure un lieu plus convenable aux gens de ton état.

La pauvre fille courba la tête avec humilité, et quitta la porte de la chapelle avec un sentiment profond de sa propre dégradation. Le petit épagneul semblait deviner dans les regards et dans les manières de sa maîtresse qu'ils étaient des intrus dans ce saint lieu. Il baissait les oreilles, et balayait les dalles de pierre avec sa queue, en marchant doucement presque sur les talons de Louise.

Le moine ne s'arrêta pas un instant. Ils descendirent quelques marches, et traversèrent un labyrinthe de passages souterrains mal éclairés. Comme ils passaient sous la voûte d'une porte basse, le moine se détourna, et dit à Louise d'une voix sévère :

— Ici, fille de la folie, est le cabinet de toilette où beaucoup d'autres avant vous ont déposé leurs vêtemens.

Obéissant au moindre signal avec humilité, Louise poussa la porte pour l'ouvrir, et recula au même instant avec horreur. C'était un charnier moitié rempli d'os et de crânes.

— Je n'ose rester seule en ce lieu, dit-elle ; cependant, si vous le commandez, mon père, je dois vous obéir.

— Enfant de la vanité, répondit le moine, ce qui t'effraie, ce sont les dépouilles mortelles de ceux qui pendant leur vie ont poursuivi les plaisirs du monde. Et telle tu seras un jour, après toute ta légèreté, tes courses vagabondes, ta coquetterie et tes chansons ; toi et tous les ministres des frivoles plaisirs, serez privés de sépulture, comme ces os qui répugnent à ta délicatesse, et sur lesquels tu n'oses arrêter tes regards.

— Ne dites point qu'ils répugnent à ma délicatesse, révérend père, reprit Louise. Le ciel est témoin que j'envie le repos de ces restes blanchis sous ces voûtes. Si je pouvais sans crime, en les tenant embrassés, obtenir à jamais leur immobilité, je choisirais ce monceau d'ossemens pour ma couche, de préférence au lit le plus beau de l'Écosse.

— Prends patience et suis-moi, dit le moine d'un ton plus doux ; — le moissonneur ne doit point quitter l'ouvrage avant que le coucher du soleil lui en ait donné le signal.

Ils avancèrent de nouveau. A l'extrémité d'une longue galerie, le frère Cyprien ouvrit la porte d'un petit appartement ou peut-être d'une chapelle, car on y voyait un crucifix autour duquel brûlaient quatre lampes.

Tous trois se signèrent et s'agenouillèrent un instant. — Que dit celui dont voilà le signe? demanda le moine à la jeune chanteuse en montrant le crucifix.

— Il dit au pécheur aussi-bien qu'au juste : Venez tous à moi.

— Oui, répondit le moine, lorsque le pécheur fait pénitence. Jeune fille, prépare-toi ici pour ton voyage.

Louise resta quelques instans dans la chapelle, et reparut couverte d'un manteau de gros drap gris dans lequel elle s'était entièrement enveloppée, ayant remis les ornemens qu'elle avait eu le temps d'ôter dans le petit panier qui contenait auparavant ses vêtemens de chaque jour.

Le moine ouvrit une porte, et ils se trouvèrent dans un jardin qui entourait le monastère des dominicains. La grille du sud n'est fermée qu'au loquet, dit le moine, et vous pouvez suivre ce chemin sans être aperçus. — Que Dieu te bénisse, mon fils! — et toi aussi, malheureuse enfant. Souviens-toi du lieu où tu as quitté tes frivoles habits, et puisses-tu ne les reprendre jamais.

— Hélas! mon père, dit Louise, si la pauvre étrangère pouvait subvenir aux besoins bien modérés de son existence par une occupation plus respectable, elle renoncerait sans regret à professer son art. Mais le moine n'était plus là; la porte même par laquelle ils venaient de passer paraissait aussi avoir disparu, tant elle était artistement cachée sous un pilier mobile et par les ornemens multipliés de l'architecture gothique.

— Voilà une femme qui vient de sortir par cette poterne secrète, pensa Henry ; plaise au ciel que les bons pères n'en fassent jamais entrer aucune par là. Ce lieu est tout-à-fait convenable pour jouer à cache-cache. — Mais, bon Dieu! que faire maintenant? Il faut que je me débarrasse de cette fille aussi vite que je le pourrai, et cependant que je la conduise dans un lieu sûr : car, qu'elle soit ce qu'on voudra, elle a l'air trop modeste, maintenant qu'elle est décemment habillée, pour mériter la correction dont les barbares du Galloway et la légion diabolique du Liddel la gratifieraient.

Louise s'était arrêtée, comme si elle attendait que Henry choisit un chemin. Son petit chien, ranimé par un air pur, s'élançait en sautant sur la route, s'attachait à sa maîtresse, et même, quoique avec plus de timidité, il tournait autour de Smith, tant pour exprimer sa satisfaction que pour se concilier ses bonnes graces.

— A bas! Charlot, à bas! dit Louise; vous êtes content de revoir la clarté du soleil; mais où nous reposerons-nous cette nuit, mon pauvre Charlot?

— Maintenant, mistress, dit l'armurier, — non pas d'un ton grossier, car ce n'était pas dans son caractère, mais avec un accent assez brusque, comme un homme qui désire être débarrassé d'un rôle désagréable, — quel chemin prenez-vous?

Louise baissa les yeux et garda le silence. Henry lui

demanda une seconde fois où elle voulait être conduite ; elle baissa encore les yeux, et répondit qu'elle ne pouvait le dire.

— Venez, venez, dit l'armurier, je comprends; j'ai été un gaillard, un débauché dans mon temps, mais il vaut mieux être sage. Dans les circonstances où je me trouve, je suis un homme corrigé pour long-temps. Ainsi, la belle, nous nous séparerons peut-être plus tôt qu'une fille comme vous ne voudrait quitter un garçon de bonne mine.

Louise pleura en silence, les regards toujours fixés sur la terre, comme si elle ressentait profondément une insulte dont elle n'avait pas le droit de se plaindre. Enfin s'apercevant que son conducteur commençait à s'impatienter, elle dit d'une voix faible : — Noble sire...

— *Sire* est bon pour un chevalier, dit le brusque bourgeois, et *noble* convient à un baron. Je suis Henry Gow, un honnête artisan, et membre de la corporation libre des armuriers.

— Bon artisan, alors, dit la jeune chanteuse, vous me jugez sévèrement, mais non sans cause apparente. Je vous délivrerais à l'instant de ma société, qui, je le crois bien, ne fait point honneur à un homme sage, si je savais seulement quelle route suivre.

— Il faut suivre celle qui vous conduira à une fête ou à une foire, cela est certain, dit Henry avec rudesse, ne doutant point que cette tristesse ne fût affectée pour captiver son intérêt, et peut-être craignant aussi de se laisser aller à la tentation. C'est la fête de saint Madox, à Auchterarder. Je gage que vous trouverez bien le chemin jusque-là.

— Aftr —, Auchter —, répéta la chanteuse du midi,

dont les lèvres essayaient en vain la prononciation celtique. On m'a dit que mon langage ne serait point compris si j'allais plus près de vos effrayantes montagnes.

— Voulez-vous rester à Perth ?

— Mais où loger ? dit la fille errante.

— Eh mais ! où avez-vous couché cette nuit ? Vous savez d'où vous venez, je suppose, quoique vous sembliez ne pas savoir où vous allez ?

— J'ai couché dans l'hospice du couvent; mais je n'y ai été admise qu'à force de prières, et on m'a défendu de revenir.

— Certainement ils vous y recevraient moins encore aujourd'hui avec le glaive des Douglas sur votre tête; cela n'est que trop vrai. Mais le prince a parlé de sir John Ramorny; je puis vous conduire chez lui, à travers les rues, quoique ce soit un rôle indigne d'un honnête bourgeois, et que je sois pressé.

— J'irai n'importe où : je sais que je suis un sujet de scandale et d'embarras. Il fut un temps où il en était autrement... Mais ce Ramorny, qui est-il ?

— Un galant chevalier, qui mène une joyeuse vie de garçon, l'écuyer et le *privado* du jeune prince, comme on dit.

— Quoi ! de cet étourdi et dédaigneux jeune homme qui a donné occasion à tant de scandale dans le monastère ? Brave homme, ne me conduisez pas chez lui. N'y a-t-il pas quelque femme chrétienne qui puisse donner asile à une pauvre créature dans une étable ou dans une grange, pour une nuit seulement ? Je partirai avant l'aurore; je la paierai richement. J'ai de l'or, et je vous récompenserai aussi, si vous voulez me conduire dans un lieu où je n'aurai rien à craindre de ce jeune débauché et des gens de ce sombre baron qui portait la mort dans ses yeux.

— Gardez votre or pour ceux qui en ont besoin, mistress, dit Henry, et n'offrez point à des mains honnêtes un argent qui a été gagné en jouant de la viole ou du tambourin, en dansant, ou peut-être en faisant un métier pire encore. Je vous dis simplement, mistress, que je ne suis point assez sot pour ajouter foi à vos discours. Je suis tout prêt à vous conduire dans le lieu que vous m'indiquerez, car ma parole est aussi solide qu'une boucle de fer. Mais vous ne me persuaderez pas que vous ne savez où aller. Vous n'êtes pas assez novice dans votre métier pour ignorer quelles sont, dans chaque ville, et à plus forte raison dans une ville comme Perth, les hôtelleries où les filles comme vous peuvent être reçues pour leur argent lorsqu'elles n'ont pas trouvé quelque dupe pour payer leur écot. Si vous avez de l'argent, mistress, mes inquiétudes à votre égard en sont moins grandes. Et réellement, je ne vois qu'un prétexte dans cet excessif chagrin et dans cette crainte d'être laissée seule en exerçant vos talens.

Ayant ainsi signifié à Louise qu'il ne pouvait être trompé par l'adresse ordinaire aux femmes de son espèce, Henry marcha seul pendant quelques pas, essayant de se persuader qu'il avait pris le parti le plus sage et le plus prudent. Cependant il ne put s'empêcher de regarder derrière lui pour examiner ce que devenait Louise; il fut surpris de voir qu'elle était tombée sur un banc les bras appuyés sur ses genoux et la tête cachée dans ses mains, dans une attitude enfin qui exprimait la plus grande désolation.

L'armurier tâcha d'endurcir son cœur à un pareil

spectacle. — C'est un rôle qu'elle joue, se dit-il ; la fille connait son métier ; je le jurerais par saint Ringan.

Au même instant quelque chose toucha le bord de son manteau ; il regarda autour de lui, et vit le petit épagneul, qui, comme s'il voulait plaider la cause de sa maîtresse, se dressa sur ses pattes de derrière, et commença à danser, gémissant en même temps et regardant Louise : on eût dit qu'il sollicitait sa compassion pour la jeune fille abandonnée.

— Pauvre bête ! dit l'armurier ; c'est peut-être un rôle que tu joues aussi, car tu répètes ce que l'on t'a appris ; mais enfin, puisque j'ai promis de protéger cette créature, je ne dois pas la laisser ainsi évanouie, si elle l'est réellement, ne fût-ce que par humanité.

Henry retourna sur ses pas et s'approcha de Louise. Il fut promptement convaincu, par le changement de son visage, qu'elle était réellement malade, ou qu'elle poussait le talent de la dissimulation au-delà de l'intelligence d'un homme, et même au-delà de celle d'une femme.

— Jeune fille, dit-il d'une voix plus douce, je vais vous dire franchement la position dans laquelle je me trouve. C'est le jour de Saint-Valentin, et, suivant l'usage, je devais le passer avec ma belle Valentine. Mais des coups et des querelles m'ont occupé pendant la matinée, excepté une pauvre demi-heure. Il vous est facile de comprendre où sont mes pensées et mon cœur maintenant, et où je devrais être moi-même, ne fût-ce que par politesse.

La chanteuse l'écouta et parut le comprendre.

— Si vous êtes un amant sincère, lui dit-elle, et si vous avez une chaste Valentine, Dieu préserve qu'un être tel que je suis élève un différend entre vous. Ne songez plus à moi. Cette grande rivière sera mon guide jusqu'à l'endroit où elle se jette dans l'Océan, et où l'on dit qu'il y a un port de mer. De là je m'embarquerai pour la France, et je reverrai encore une fois ce beau pays, où le plus grossier des paysans ne voudrait pas insulter la plus pauvre des femmes.

— Vous ne pouvez pas aller à Dundee aujourd'hui, dit l'armurier. Les gens de Douglas sont en mouvement des deux côtés de la rivière, car ils connaissent sans doute maintenant la querelle qui a eu lieu ce matin. Aujourd'hui, cette nuit, demain, ils se rassembleront autour de l'étendard de leur Chef, comme ceux des hautes-terres autour de la Croix de Feu. Voyez-vous d'ici cinq ou six hommes galopant de l'autre côté de la rivière ? Ce sont des gens d'Annandale ; je les reconnais à la longueur de leurs lances et à la manière dont ils les tiennent. Un Annandale n'incline jamais sa lance en arrière, la pointe en est toujours droite ou dirigée en avant.

— Que puis-je craindre d'eux ? Ce sont des hommes d'armes et des soldats ; ils respecteront ma viole et ma faiblesse.

— Je ne veux point les calomnier. Si vous étiez dans leurs vallées, ils vous accorderaient l'hospitalité et vous n'auriez rien à craindre ; mais ils sont maintenant en campagne, et tout ce qui tombe dans leurs filets est du poisson. Il y en a parmi eux qui attenteraient à votre vie pour la valeur de vos boucles d'oreilles. Leur ame entière est dans leurs yeux lorsqu'ils cherchent une proie, et dans leurs mains quand il faut la saisir. Ils n'ont point d'oreille pour écouter les chants d'une jeune fille, ni les prières de leur victime. Outre cela, ils ont reçu de leur Chef un ordre qui vous concerne, et cet ordre est propre à être exécuté. Les grands seigneurs sont obéis plus promptement lorsqu'ils disent : — Brûlez cette église, que lorsqu'ils ordonnent d'en bâtir une.

— Eh bien! répondit la chanteuse, il vaut mieux que je reste ici pour y mourir.

— Ne parlez point ainsi, reprit l'armurier. Si je peux seulement vous trouver un logement pour cette nuit, je vous conduirai demain aux Escaliers de Notre-Dame, d'où les bateaux descendent la rivière jusqu'à Dundee; je vous confierai à quelqu'un qui suivra le même chemin, et qui vous trouvera un logement où vous serez bien reçue.

— Homme excellent et généreux, faites ce que vous venez de me dire, et si les prières et les bénédictions d'une infortunée peuvent atteindre jusqu'au ciel, elles s'y éleveront en votre faveur. Nous nous retrouverons à la poterne qui est là-bas, à l'heure où les bateaux quittent le rivage.

— C'est à six heures du matin, le jour est à peine levé.

— Partez donc, retournez près de votre Valentine, et si elle vous aime, oh! ne la trompez pas.

— Hélas! pauvre damoiselle, je crains que ce ne soit l'ingratitude d'un amant qui vous ait réduite à embrasser ce misérable état. Mais je ne veux point vous quitter avant de savoir où vous passerez la nuit.

— Ne vous en inquiétez pas. Le ciel est pur; il y a des buissons et des taillis sur le rivage; Charlot et moi nous pouvons nous contenter pour une nuit d'un abri de feuillage; et demain, avec votre aide, je serai hors de danger. Oh ! la nuit passe bien vite quand il y a de l'espérance pour le lendemain ! — Eh bien, vous hésitez encore, et votre Valentine vous attend ! Prenez garde, je vous tiendrai pour un amant déloyal, et vous savez de quelle importance sont les reproches d'un ménestrel.

— Je ne puis vous quitter, damoiselle, répondit l'armurier très-radouci. Ce serait un meurtre de vous laisser coucher en plein air, exposée à la froidure d'une nuit d'Écosse au mois de février. Non, non, ma parole ne serait point tenue de cette manière; et si je cours le risque d'être blâmé, c'est une juste punition pour vous avoir mal jugée, et chagrinée par une conduite que vous ne méritiez pas, j'en suis convaincu maintenant. Viens avec moi, damoiselle. — Tu auras pour cette nuit un logement sûr et honnête, quelle qu'en soit la conséquence. Ce serait faire un mauvais compliment à ma Catherine, que de laisser une pauvre créature mourir de froid, afin de jouir de sa société une heure plus tôt.

En disant ces mots, Henry chassa avec effort toutes les inquiétudes occasionées par la décision hardie qu'il venait de prendre. Son ame courageuse résolut de défier la médisance, et de donner à la pauvre vagabonde un asile dans sa propre maison. On doit cependant ajouter qu'il ne prit cette résolution qu'avec une extrême répugnance, mais cédant à l'enthousiasme de bienveillance qui s'était emparé de lui depuis un instant.

Avant l'époque à laquelle le robuste fils de Vulcain avait donné toute sa tendresse à la Jolie Fille de Perth, des passions impétueuses l'avaient placé sous l'influence de Vénus aussi-bien que sous celle de Mars. Mais un sincère attachement le corrigeait momentanément de ses faiblesses; il était donc justement jaloux de sa nouvelle réputation de sagesse, que sa conduite avec la pauvre vagabonde pourrait exposer au soupçon; il doutait peut-être aussi un peu de ses propres forces en s'exposant aussi témérairement à la tentation. Il était plus encore désespéré de perdre ainsi la fête de Saint-Valentin, dont le titre lui donnait le droit, et lui enjoignait même, de passer entièrement la journée près de celle qui devenait sa compagne pour toute la saison. Le voyage à Kinfauns et les différens accidens qui le suivirent avaient employé une partie du jour, et l'heure des complies était près de sonner.

Comme s'il pouvait racheter par un pas rapide le temps qu'il était obligé de sacrifier à un objet si différent de celui vers lequel le portait son cœur, il traversa le jardin des dominicains, entra dans la ville, levant son manteau jusque sur son visage et enfonçant son bonnet sur ses yeux; alors il continua de marcher avec la même célérité à travers les rues et les allées, espérant atteindre sa maison sans avoir été remarqué. Cette course dura peut-être six minutes avant qu'il lui vint dans la pensée qu'elle était peut-être trop rapide pour que la jeune femme pût le suivre. Il se retourna, regardant derrière lui d'un air impatient dont il se repentit bientôt lorsqu'il s'aperçut que Louise était presque épuisée de fatigue.

— Je mériterais d'être pendu pour ma brutalité, se dit Henry intérieurement. Quand je serais encore plus pressé, cela pourrait-il donner des ailes à la pauvre fille? et aussi chargée qu'elle l'est par son bagage. Je suis un mauvais chien, cela est sûr, un maladroit toutes les fois qu'il est question de femmes; et je suis certain d'avoir toujours tort, même avec la meilleure intention de bien faire. — Écoute, damoiselle, laisse-moi porter ce fardeau, nous n'en marcherons que plus vite.

Louise aurait voulu s'y opposer, mais elle respirait avec peine et ne put même répondre; elle laissa donc son brave conducteur prendre le petit panier. Lorsque l'épagneul s'en aperçut, il vint se placer devant Henry, se tint debout sur ses pattes de derrière, secouant celles de devant et se plaignant doucement comme s'il désirait être porté.

— Eh bien! faut-il aussi que je me charge de toi? dit l'armurier qui voyait que la pauvre petite bête était fatiguée.

— Fi! Charlot, dit Louise, tu sais bien que je te porterai moi-même.

Elle essaya de prendre l'épagneul, mais il se sauva de ses mains, et passant de l'autre côté de Henry, il renouvela ses supplications.

— Charlot a raison, dit l'armurier; il devine quel est le plus fort de nous deux. Ceci m'apprend, ma jolie fille, que vous n'avez pas toujours été seule pour porter vos effets; Charlot est un indiscret.

Une pâleur mortelle couvrit les joues de la chanteuse tandis que Henry parlait; il fut obligé de la soutenir, car elle serait tombée par terre. Peu à peu elle revint à elle, et d'une voix faible elle exprima le désir de continuer à marcher.

— Tenez mon manteau, lui dit Henry, ou plutôt prenez mon bras, il vous soutiendra mieux encore. Nous devons avoir bonne mine, pensa l'armurier; et si j'avais seulement un mauvais violon ou une guitare sur le dos, nous ressemblerions au plus joyeux couple de vagabonds qui ait jamais pincé la corde à la grille d'un château. — Par les clous! si quelque voisin me rencontrait avec ce paquet de guenilles sur le dos, un chien sous mon bras et une fille de cette espèce pendue à mon manteau, que penserait-il, sinon que je suis devenu comédien à mon tour? Je ne voudrais pas, pour la meilleure armure sur laquelle j'aie jamais levé le marteau, être rencontré par quelques-uns des bavards de notre ville : ils en feraient une plaisanterie qui durerait depuis la Saint-Valentin jusqu'à la Chandeleur.

Tourmenté par ces pensées, Henry, au risque d'allonger sa route, prit un chemin détourné afin d'éviter les principales rues, toujours remplies de monde à l'occasion de la scène qui avait eu lieu. Mais malheureusement sa prudence ne lui servit à rien, car, au détour d'une allée, il rencontra un homme enveloppé dans son manteau et qui semblait aussi désirer de n'être point reconnu. Sa maigre tournure, ses jambes de fuseau, qui se montraient sous le manteau, et les petits yeux ternis qui clignotaient au-dessus de la partie supérieure de ce vêtement, annonçaient l'apothicaire aussi distinctement que s'il avait porté son nom écrit sur son bonnet. Cette rencontre imprévue et désagréable remplit l'armurier de confusion. La fuite ne convenait pas à son caractère hardi et entreprenant. Il connaissait cet homme pour être aussi médisant que curieux, et surtout pour être fort mal disposé à son égard. Il ne restait donc qu'un moyen de sortir d'embarras, et Henry espéra que le digne apothicaire lui donnerait quelque prétexte pour lui tordre le cou et assurer ainsi son silence et sa discrétion.

Mais loin de dire ou de faire aucune chose qui pût justifier une telle conduite, l'apothicaire se voyant serré de si près par son robuste compatriote, et pensant que la reconnaissance était inévitable, résolut de la rendre aussi courte que possible. Sans paraître faire une grande attention à la compagne de Smith, il laissa échapper ces mots en passant, et sans ajouter un regard après le premier instant de leur rencontre : — Un joyeux jour de fête pour vous, brave Smith ; eh quoi ! tu amènes avec toi ta cousine, la jolie mistress John Litham ! tu portes sa malle. Elle arrive tout fraîchement de Dundee, je gage ? Je savais qu'elle était attendue chez le vieux cordonnier.

En parlant ainsi, il ne regarda ni à droite ni à gauche, ajouta un salut en disant : — Dieu vous bénisse ! et disparut comme une ombre.

L'armurier murmura les mêmes mots en réponse, plutôt qu'il ne les prononça, et se dit en lui-même : — Que le démon m'étrangle si je puis avaler cette pilule, quelque bien dorée qu'elle soit. Le fripon a de bons yeux quand il s'agit de femmes, et sait distinguer un canard sauvage de celui qui est apprivoisé, aussi bien qu'aucun homme de Perth. Il serait le dernier dans la belle ville à prendre des prunes aigres pour des poires, ou ma grosse cousine John pour la pièce curieuse que je traîne après moi. C'est comme s'il m'avait dit : — Je ne veux pas voir ce que vous désirez me cacher ; et il a raison de se conduire ainsi, car sa tête courrait de grands risques d'être cassée s'il se mêlait de mes affaires. Il gardera le silence pour sa propre sûreté. Mais qui vient encore ? Par saint Dunstan ! le bavard, le fanfaron, le lâche drôle, Olivier Proudfute.

C'était en effet le hardi bonnetier qui s'avançait vers eux en chantant le couplet de

> Thomas, mon ami Thomas
> Tu tiens trop long-temps la pinte.

Cette gaieté donnait à entendre que son repas n'avait pas été sec.

— Ah! mon brave Smith, dit-il, je vous y prends! Mais le véritable acier peut-il ployer? et Vulcain, comme le disent les ménestrels, peut-il payer de la même monnaie que Vénus? Par ma foi! vous serez un joli Valentin pendant toute l'année si vous commencez le premier jour si joyeusement.

— Écoute, Olivier, dit l'armurier mécontent, ferme les yeux et passe ton chemin, vieil ami. Écoute encore, retiens ta langue sur ce qui ne te concerne pas, si tu désires avoir toutes tes dents dans ta bouche.

— Moi, trahir un secret! moi médire! et de mon frère d'armes encore! Je méprise une telle conduite, et je ne voudrais pas parler de ce que j'ai vu, même à mon soudan de bois. Eh! bon Dieu! quand je suis dans un coin, je puis être un gaillard aussi bien que toi, mon homme. Et maintenant que j'y pense, je vais aller quelque part avec toi, nous ferons ribote ensemble, et ta Dalila nous chantera des chansons. Eh bien! n'ai-je pas raison?

— Parfaitement, dit Henry qui mourait d'envie de renverser son frère d'armes par un bon coup de poing; mais trouvant ensuite un moyen plus pacifique de se débarrasser de sa présence, — parfaitement bien! ajouta-t-il; j'aurai besoin de ton secours aussi, car il y a cinq ou six des Douglas devant nous. Ils ne manqueront pas de vouloir ôter cette fille à un pauvre bourgeois comme Henry Smith, et je serai trop heureux d'avoir l'assistance d'un brave tel que toi.

— Je te remercie, je te remercie, répondit le bonnetier. Mais ne vaut-il pas mieux aller d'abord chercher ma grande épée, et avertir qu'on sonne le tocsin?

— Oui, oui, cours chez toi le plus vite que tu pourras, et ne dis rien de ce que tu as vu.

— Qui? moi! ne crains rien; fi! je méprise trop un médisant.

— Sauve-toi alors, j'entends le choc des armes.

Ces mots redonnèrent de la vie et de la force aux talons du marchand de bonnets; et, tournant le dos au danger supposé, il prit sa course d'un pas qui dut l'amener promptement à sa propre maison. — Voici une autre pie bavarde que j'aurai à craindre, pensa l'armurier; mais je sais aussi comment le réduire au silence. Les ménestrels ont un fabliau sur un oiseau qui s'est paré des plumes d'un autre. Ce fanfaron d'Olivier est cet oiseau-là, et, par saint Dunstan! si sa langue babillarde s'amuse à mes dépens, je le plumerai comme jamais faucon ne pluma une perdrix. Il le sait d'avance.

Tandis que ces réflexions tourmentaient son esprit, Henry touchait au terme de son voyage, et il arriva enfin, avec la jeune femme qui tenait toujours son manteau, dans le milieu du Wynd (1) qui avait l'honneur de renfermer son habitation, et d'après lequel, suivant l'incertitude qui régnait alors dans l'application des surnoms, on le nommait souvent Henry du Wynd. Là, les jours ordinaires, un fourneau était allumé, et quatre drôles à moitié nus étourdissaient le voisinage par le bruit du marteau et de l'enclume. Mais le jour de

---

(1) Nous avons déjà vu que Wynd, en écossais, signifie une cour, une allée, un passage. — Éd.

la fête de Saint-Valentin, aucun ouvrier n'était à l'ouvrage, et les cyclopes avaient fermé la boutique pour vaquer soit à leurs propres affaires, soit à leurs plaisirs. Henry était le propriétaire de la maison qui touchait à la forge. Elle était petite, et située dans une rue étroite; mais un grand jardin rempli d'arbres fruitiers lui donnait un aspect agréable. L'armurier, au lieu d'appeler ou de frapper, ce qui aurait attiré des voisins aux portes et aux fenêtres, tira de sa poche un passe-partout de sa propre fabrication, ce qui était alors un objet de curiosité et d'envie, et, ouvrant la porte, introduisit sa compagne dans sa maison.

L'appartement dans lequel ils entrèrent était la cuisine; parmi les bourgeois de la classe de Henry elle servait de chambre principale, quoique quelques individus, dont Simon Glover faisait partie, eussent une salle à manger séparée de celle où les repas étaient préparés. Dans le coin de cet appartement d'une propreté extrême, une vieille femme était assise; ses vêtemens soignés, et la symétrie avec laquelle son plaid écarlate était posé sur sa tête, de manière à descendre des deux côtés de ses épaules, indiquaient un rang plus élevé que celui de la mère Shoolbred, la femme de charge de l'armurier. Cependant elle n'avait point d'autre titre.

N'ayant pas assisté à la messe le matin, elle se reposait tranquillement auprès du feu; son chapelet moitié dit pendait à son bras gauche; ses prières à moitié prononcées s'arrêtaient souvent sur ses lèvres, et ses yeux à moitié fermés sommeillaient, tandis qu'elle attendait celui qu'elle avait nourri, sans pouvoir deviner l'heure à laquelle il reviendrait. Elle se leva au bruit qu'il fit en entrant, et jeta sur sa compagne un regard de surprise qui changea bientôt pour exprimer le plus profond mécontentement.

— Que tous les saints protègent ma vue, Henry Smith! s'écria-t-elle dévotement.

— Amen, de tout mon cœur. Apprêtez quelque chose à manger, bonne nourrice, car je crains bien que cette pauvre voyageuse n'ait fait qu'un maigre dîner.

— Et je prie encore Notre-Dame de préserver ma vue de toutes dangereuses illusions envoyées par Satan!

— Qu'il en soit ainsi, vous dis-je, bonne femme. Mais pourquoi toutes ces patenôtres et ces prières? Ne m'entendez-vous pas, ou ne voulez-vous pas faire ce que je vous demande?

— Il faut que ce soit lui-même, malgré tout! Mais grand Dieu! on le prendrait plutôt pour un démon avec cette drôlesse pendue à son manteau. O Henry Smith! les hommes vous appellent un jeune débauché pour de pareilles choses! Mais qui aurait cru que Henry pût amener une femme de mauvaise vie sous le toit qui abrita sa mère, et où sa propre nourrice demeura pendant trente ans!

— Taisez-vous, vieille femme, et soyez raisonnable, dit l'armurier; cette chanteuse n'est ni ma maîtresse, ni celle de personne que je connaisse; mais elle doit partir demain pour Dundee par les bateaux, et il faut que nous la logions pour cette nuit.

— La loger! Vous pouvez donner un abri à un pareil bétail si cela vous convient, Henry du Wynd. Mais la même maison ne contiendra pas cette vagabonde et moi, vous pouvez en être certain.

— Votre mère est mécontente, dit Louise, se méprenant sur les relations qui existaient entre Henry et sa nourrice; je ne resterai pas si cela l'offense. S'il y a un coin vide dans une écurie ou une étable, il suffira pour Charlot et moi.

— C'est sans doute le logement auquel vous êtes le plus habituée, reprit la dame Shoolbred.

— Écoutez, nourrice, dit l'armurier, vous savez que je vous aime pour votre propre compte et pour celui de ma mère; mais, par saint Dustan, qui était un saint du même état que moi! je veux être le maître dans ma propre maison, et si vous me quittez sans me donner d'autres raisons que vos soupçons injustes, vous aviserez aux moyens d'ouvrir la porte vous-même quand vous rentrerez, car certainement je ne vous aiderai pas.

— Enfant, cette crainte ne me fera point déshonorer le nom que je porte depuis soixante ans. Ce ne fut jamais l'habitude de votre mère, et ce ne sera jamais la mienne de me lier avec des jongleurs, des danseuses et des chanteuses ; et je ne suis pas assez en peine de trouver un logement, pour souffrir que le même toit couvre en même temps la mère Shoolbred et une princesse de cette espèce.

En disant ces mots la sévère gouvernante se prépara à sortir en ajustant à la hâte son mantelet de tartan, de manière à cacher sa coiffe de linon blanc, dont les bords entouraient un visage ridé, mais annonçant la santé. Cela fait, elle saisit un bâton, fidèle compagnon de ses courses, et elle se dirigeait vers la porte lorsque l'armurier se plaça entre elle et le passage.

—Reste au moins, vieille femme, lui dit-il, jusqu'à ce que nous ayons réglé nos comptes; je te dois des gages échus.

— Et voici un nouveau rêve de votre tête folle : quels gages dois-je recevoir du fils de votre mère, qui me nourrit, m'habilla et me traita comme si j'avais été sa sœur?

— C'est ainsi que vous êtes reconnaissante, nourrice; vous laissez son fils unique au moment du plus grand embarras.

La vieille obstinée sembla se repentir un instant. Elle s'arrêta, et ses regards se portèrent alternativement sur son maître et sur la jeune chanteuse. Mais elle secoua la tête, et s'avança de nouveau vers la porte.

— Je n'ai reçu cette pauvre fille dans ma maison, dit l'armurier, que pour la sauver de la prison et du fouet.

— Et pourquoi vouloir la sauver? répondit l'inexorable dame Shoolbred; je gagerais qu'elle mérite l'un et l'autre aussi bien que jamais voleur mérita un collier de chanvre.

— Que cela soit ou non, elle ne mérite pas du moins d'être fustigée jusqu'au sang, ou prisonnière jusqu'à ce qu'elle meure de faim, et c'est ce qui attend tous ceux que Douglas le-Noir a condamnés.

— Ainsi vous allez offenser Douglas-le-Noir pour l'amour d'une chanteuse? Ceci deviendra la plus terrible de vos querelles. O Henry Gow! il y a autant de fer dans votre tête que dans votre enclume!

— Je l'ai quelquefois pensé moi-même, mistress Shoolbred; mais si j'attrape quelque bonne blessure à cette occasion, je ne sais trop qui pourra me soigner si vous prenez la fuite comme une oie sauvage effarouchée? Oh! qui recevra donc ma belle fiancée, que j'espère amener ici un de ces jours?

— Ah! Henry! Henry! reprit la vieille femme en secouant la tête, ce n'est point ainsi qu'on prépare la maison d'un honnête homme pour recevoir une jeune fiancée. Vous devriez être guidé par la modestie et la prudence, et non par le libertinage et l'impudicité.

— Je vous dis encore une fois que cette pauvre créature ne m'est rien. Je désire seulement qu'elle soit en sûreté, et j'espère que le plus hardi des habitans des frontières respectera la serrure de ma porte comme celle de la grille du château de Carlisle. Je vais me rendre chez Simon Glover. J'y resterai toute la nuit, car l'apprenti s'est sauvé dans ses montagnes, comme un louveteau qu'il est; ainsi il y a un lit de libre, et le père Simon sera bien aise que j'en profite. Vous resterez avec cette pauvre fille, vous lui donnerez des alimens et la protégerez pendant la nuit. Je viendrai la reprendre avant le jour; vous pourrez la conduire avec moi au bateau, nourrice, et là nous la verrons vous et moi pour la dernière fois.

— Il y a de la raison dans tout cela, dit dame Shoolbred; mais pourquoi courir le risque de perdre votre réputation pour une fille qui trouverait un logement pour une pièce de deux sous, et peut-être moins? C'est un mystère que je ne puis deviner.

— Fiez-vous à moi, nourrice, et soyez charitable envers la jeune fille.

— Plus charitable qu'elle ne le mérite, je vous l'assure; mais enfin, quoique je n'aime point la compagnie d'un tel bétail, je pense que sa société me sera moins nuisible qu'à vous. A moins cependant que ce ne soit une sorcière, ce qui serait fort possible, car la plupart de ces vagabonds se sont donnés au diable.

— Elle n'est pas plus sorcière que je ne suis magicien, dit l'honnête armurier; une pauvre créature dont le cœur semble brisé, et qui, si elle a commis des fautes, a plutôt été entraînée elle-même par quelque sorcier. Soyez bonne envers elle; et vous, musicale damoiselle, je vous reverrai demain matin pour vous conduire sur la côte. Cette vieille femme vous traitera avec douceur, si vous ne dites rien qui puisse offenser de chastes oreilles.

La jeune chanteuse avait écouté ce dialogue, n'en comprenant guère que le sens. Elle parlait bien anglais, mais elle avait appris cette langue en Angleterre, et le dialecte du nord était alors, comme il l'est aujourd'hui, plus rude et plus grossier. Elle voyait néanmoins qu'elle allait rester avec la vieille dame, et croisant modestement ses bras sur sa poitrine, elle pencha la tête avec humilité. Elle regarda ensuite l'armurier avec une vive expression de reconnaissance, puis levant les yeux au ciel, prit la main robuste qu'il lui abandonna, et elle allait y déposer un baiser lorsque dame Shoolbred, qui n'approuvait point ce mode d'exprimer sa gratitude, se jeta entre eux, et dit en poussant Louise de côté : — Non, non, je ne veux rien de semblable ici; allez dans le coin de cette cheminée, mistress; et quand Henry sera parti, s'il vous faut des mains à baiser, vous pourrez baiser les miennes aussi souvent que cela vous fera plaisir. Et vous, Henry, rendez-vous chez Simon Glover; car si la jolie mistress Catherine apprend quelle société vous avez amenée chez vous, elle ne l'approuvera pas plus que moi. — Mais qu'est-ce que cela signifie? Êtes-vous devenu fou? Allez-vous sortir sans votre bouclier, quand toute la ville est dans le tumulte?

— Vous avez raison, dame, répondit l'armurier; et passant son bouclier par-dessus ses larges épaules, il sortit sans écouter de nouvelles questions.

FIN DU TOME PREMIER.

www.ingramcontent.com/pod-product-compliance
Lightning Source LLC
Chambersburg PA
CBHW070617170426
43200CB00010B/1815